知的障害者とともに大学で学ぶ

―― 東北大学オープンカレッジ「杜のまなびや」の取り組み ――

田中 真理　川住 隆一　野崎 義和　横田 晋務 編

東北大学出版会

Studying together with people with
intellectual disabilities at university：
The Initiatives of "Mori no Manabiya", a Tohoku University Open College

MARI Tanaka, RYUICHI Kawasumi, YOSHIKAZU, Nozaki, SUSUMU Yokota

Tohoku University Press, Sendai
ISBN978-4-86163-365-2

巻頭言

　ここでは、私たちが、知的障害者を対象とする「東北大学オープンカレッジ　杜のまなびや」を実施するに至ったいきさつと、その基本方針等について述べておきたい。私たちが対象としてきた知的障害者は、ひらがなが読めて書くことができる18歳以上の方々で、多くが一般就労あるいは福祉就労に携わっている。

　2005年（平成17年）1月か2月の東北大学大学院教育学研究科教授会において、短時間の休憩時間中に隣同士の席に座っていた本書の編者である川住と田中は、わが国においては障害がある方々の中でも知的障害がある方のみが大学での高等教育を受ける機会がほとんどないことの問題点について語り合っていた。なぜそのような話題を二人のうちどちらが出したのか、その時の文脈については明確に思い出せないが、前年の2004年12月に成立した発達障害者支援法において、大学への期待が明記されたことが大学内でもまた社会的にも話題になっていたからではなかったかと考える。すなわち、同法の第八条第2項には、「大学及び高等専門学校は、発達障害者の障害の状態に応じ、適切な教育上の配慮をするものとする。」と述べられている。

　これを踏まえて、大学入試を経て合格した身体障害、精神障害、発達障害のある学生には高等教育を受けることはできるが、その入試を経ることが難しい知的障害者には高等教育を受ける機会はないのであろうかという疑問が生じるとともに、その修学を保障する課題は何かと考えた。

　そこで二人は、同大大学院教育学研究科・教育学部において発達障害学を専攻する院生・学生20数名に呼びかけて、年度が改まる前に知的障害者の大学での学びについて討論を行った。その際のキーワードは、知的障害者、大学での学び、高等教育機関における障害者修学支援、ノーマライゼーション、インクルージョン、生涯学習、大学の地域貢献、大

学公開講座、オープンカレッジ等であった。

　年度が改まってしばらくは上記の発達障害学を専攻する院生・学生の多くが集まっての討論は行わなかったが、2005年の夏に、東京都出身の大学院生より、東京学芸大学では知的障害者のための大学公開講座を行い、9年間の実績があるという情報がもたらされた。この情報は、私たちに一つの方向性を示唆するものであり、これを受けて私たちは東北大学においても知的障害者を受け入れ学びを支援する可能性を探ることにした。

　そこで我々は、先行する他大学の取り組みを学ぶことにした。まず、先行研究の文献検索を通して、国内外の知的障害者に対する生涯学習支援に関する調査報告書、知的障害者に対する他大学の公開講座の実践経験をまとめた研究論文や報告書、書籍等の存在を知った。

　次いで、2005年9月の日本特殊教育学会第43回大会において行われた自主シンポジウム「知的障害者の生涯発達と生涯学習保障」に参加した。ここでは東京学芸大学にて公開講座を実施してこられた、目白大学の松矢勝宏先生と東京都立七生養護学校の平井威先生（所属は当時）が企画者となり、長崎純心大学、神戸大学、桃山学院大学、鳥取短期大学、東京学芸大学の取り組みに関わった5名の方から体験内容や実践知が語られていた。この席上において、我々は話題提供者に対しいくつかの実施に関わる質問をするとともに、東北大学においても公開講座を開催する可能性を探っている旨の発言を行った。

　さらに川住は、同年11月に東京学芸大学における公開講座の主宰者である同大学の菅野敦教授にお願いして、公開講座「自分を知り、社会を学ぶ」を見学させていただいた。講座は大きなホールで行われており、都内から50名ほどの知的障害者が受講しているとのことであった。また、これらの受講者の学習を支援するために、運営スタッフ以外に、進路指導に携わってこられた養護学校の先生方も講座の際に多数参加しているという話を伺った。また、1回の講座における時間配分（講師の講話、討論・実践、発表、講師のまとめ等）の工夫と講師の講話内容が知的障害のある方に伝わりやすくするための工夫や運営資金の出所についても伺った。

附属学校のない東北大学においては支援者として多くの支援学校の先生方に協力を依頼することは難しく、東京学芸大学のような50名もの受講者を募ることはできないと考えた。しかし、大学には多くの学生が籍を置くので、運営に携わる院生・学生以外の学生に参加を促すことは大学で学ぶことの意義となるのではないかと考えた。また、1回の講座における時間配分の工夫については、大いに参考になった。

　一方この間に、スウェーデンに留学していた学生により、同国における知的障害者に対する生涯学習支援や大学での高等教育の情報が紹介され、大学での学びを保障することの意義について認識を深めることができた。また、別の院生は、仙台市発達相談支援センター（通称アーチル）が実施する知的障害者を対象とした余暇活動支援活動にボランティアとして参加し、一般就労・福祉就労している方々との交流を深めていった。そして、この院生により、交流している方々の様子や大学での学びについての意見が私たちに紹介されるようになった。意見としては、勉強することに否定的な意見もあるが、大学で学ぶ機会があれば学びたいとする意見が比較的多いという印象を受けた。この中の数名が、後に私たちの講座に参加することになったのである。

　以上のような経過を経て私たちは、2006年度よりに、公開講座を開催することにしたが、これに当たっては以下の3つの方針を踏まえることにした。

1）　公開講座の目的は、知的障害者の生涯学習支援の場とする。
・学習を通して社会人としての生活や個人の生活が豊かになること、
・当事者同士の交流が促され、友人関係が広がること、
・講義と討論を通して学ぶことの楽しみを見出したり、新たな知識を得ることが期待される。
2）　公開講座の実施場所は、東北大学内で行う。
・参加する知的障害者を学習者と称した場合、共同学習者として東北大学生の参加を募る。学生とともに受講することが、知的障害者には大学で学んでいるという実感を持てるのではないかと考える。

・講師の補助には、発達障害学を専攻する大学院生が担当し、講師には講義内容が知的障害者にも共同学習者である学生にも新鮮であることを依頼した。加えて、内容が知的障害者にも伝わりやすくするためのプレゼンテーションの方法を補助の院生とともに考えていただいた。

・参加する全ての学生・院生・教員に知的障害のある人々に対する認識の変化が生じることが期待される。その他の大学人にも、知的障害があっても学ぶ意欲があれば大学としてその意欲を受け止めることが地域貢献の機会となるという認識が高まることを期待した。

3）　公開講座とするためには大学の公認を得ながら実施する。

・学内研究助成を得る。

・教育学研究科の教員に共同研究者・講師を依頼する。これによって教育学研究科教員の研究が分かりやすい形で知的障害のある方に伝わることを願った（講師は後に他研究科教員にも依頼するようになった）。

　講座名は「東北大学オープンカレッジ　杜のまなびや」とした。また、学内研究助成については、2006年の開始から3年間は、東北大学大学院教育研究科教育ネットワークセンターの研究助成「先端的プロジェクト型研究」に応募して助成を得た。そしてこの成果（実践と研究の継続）が評価され、4年目以降は、同センターの生涯学習支援事業として位置づけられ、予算がつけられるようになった。我々の取り組みが、研究科内での理解が深まった成果であると嬉しく思った。

　本書は、基本的には、上述の教育ネットワークセンター年報に掲載された本講座の各年度の事業報告や各年度で設定した研究課題のまとめ、日本特殊教育学会大会での発表論文等を踏まえて改めて整理したものである。

　第1章において、まず国内の知的障害者を対象とした生涯学習支援の

取り組みについて、公表されている調査報告書や論文・書籍を踏まえて整理しようと考える。また、外国、とりわけアメリカやカナダの大学における取り組みの特徴を概観してみたい。

第2章では、上述した準備期間における討論の概要を紹介し、「杜のまなびや」のコンセプトが確立されるまでの経緯について述べる。

第3章では、「杜のまなびや」の各構成員（学習者、共同学習者、講師及びスタッフ）と開講された全31講座の概要を紹介する。合わせて、講座の進め方と受講者数などについても述べる。

第4章では、学び合いを効果的に進めるための工夫について、講師の専門性を伝えるコーディネーターの役割と学び合いの場と討論司会者の役割について述べる。

第5〜8章では「杜のまなびや」の各構成員の学びについて取り上げる。学習者、共同学習者、講師、スタッフ及びオブザーバーそれぞれの学びの内容について述べる。

第9章においては、知的障害者の学びと社会参加について述べる。

最後に、おわりにおいては、障害者の生涯学習をめぐる近年の動向等を踏まえたうえで、「杜のまなびや」の課題と今後の展望について論じる。

なお、初めに述べた発達障害学生の教育上の配慮に関しては、2009年度に東北大学大学院教育学研究科、同大学院教育情報学研究部、学生相談所の教員を主体とする「東北大学における発達障害学生修学支援システムの構築」に関する研究会が立ち上げられ（川住・田中も参加）、以後教育学研究科長裁量経費および総長裁量経費を得ての活動が展開された。そして、これらの活動等を踏まえて、2015年度に東北大学には学生相談・特別支援センターに学生相談所とは別に特別支援室が創設され、発達障害を含む障害学生支援が実施されるようになった。

執筆者を代表して
川住　隆一

［目　次］

第1章　知的障害者の生涯学習支援―大学の取り組み―

　本章においては、まず、国内の知的障害者を対象とした生涯学習支援の取り組み、主に各地の大学の取り組みの内容や特徴について、公表されている調査報告書や論文・書籍を踏まえて整理しようと考える。また、諸外国、特に、アメリカ、カナダ、オーストラリアの大学における取り組みの特徴を概観してみたい。これらを通して東北大学オープンカレッジ「杜のまなびや」の実施に当たって考慮すべき点が得られることが期待される。

第1節　国内動向

　徳永・小塩（2002）は、「我が国における障害のある人の生涯学習の現状と課題」と題する解説の中で、養護学校の高等部を卒業し、作業所等に通う方を対象とした「青年学級」の取り組み、社会教育センターでの障害のある人を対象とする学習会やサークルの実施、障害者施設内での学習や余暇・スポーツの取り組み例などを紹介している。そして、これらの取り組みを踏まえ、今後の課題として2点を挙げている。1点目は、「このような地域社会を核とした障害者の生涯学習の取組みを、いくつかの活動タイプに整理し、その情報をまとめること」である。2点目は、「その生涯学習の取組みを質的に検討すること」であり、そのための8つの視点を取り上げている。この中で筆者は、4つ目の「④障害のある人の生涯学習の機会の拡充」に着目した。その理由は、徳永・小塩（2002）が期待を寄せていた放送大学以外の各地の大学がこの機会の一端を担うことができないかと考えるからである。

　上述のような課題を受けて、障害のある人の生涯学習に関する研究会（2003）は、「障害のある人、特に知的障害など認知機能に障害のある人た

ちの生涯学習はどうあればよいのか」という問題意識に立って、国内における障害のある人の生涯学習に関する情報の収集と国外の取り組みから手がかりを得ることを目的として調査を実施している。このうち国内の調査としては、知的障害養護学校や都道府県教育委員会生涯学習担当課等への質問紙調査であり、青年学級や講座が取り上げられている。また、国外としてはオーストラリアやカナダの大学等での取り組みについてのインタビューを中心とする調査である。

　障害のある人の生涯学習に関する研究会(2005)は、上述した国内外の調査を踏まえて、8つの観点から今後の課題と提言を行っているが、この中で「大学を学習の機会として積極的に活用する」ことを挙げている。具体的には、「大学等の高等教育機関や職業教育機関における生涯学習の機会を拡充していくこともひとつの方向である。大学等の教育機関に在籍して後期中等教育以降の教育として位置づけられる場合と在籍しないで仕事をしながら、週に1、2回大学等で学ぶ場合があろう。我が国においても、近年、大学で知的障害のある人を対象とした公開講座や関西を中心にしたオープンカレッジの取組があり、今後期待される領域であろう」と述べている。

　さて、わが国において東京学芸大学では、知的障害のある人を対象として大学で公開講座を実施しており（平井，2006；松矢，2004）、この取り組みは東北大学オープンカレッジ「杜のまなびや」を実施するにあたってとても参考にさせていただいた。この公開講座の企画・運営に深く携わってきた平井(2006)によれば、この講座は、「養護学校などを卒業した18歳以上の知的障害者を対象とした公開講座『自分を知り、社会を学ぶ』であり、1995年から開始」された。毎年4〜7回実施、11年間継続されたとのことである。また、この講座の内容は、大きく2つに分けられる。一つは、「豊かな生活をつくり出す実践的課題を扱う『生活講座』」であり、「働く」、「暮らす」、「楽しむ」、「つきあう」からなる。もう一つは、「大学の資源を活用し受講生の視野を広げ教養を高める『教養講座』」であり、「東京学芸大学近郊の自然環境から学べる題材を取り上げている」と

のことである。

　また、学習支援方法として、特に教養講座に目を向けた場合、「この講座の内容は、大学教員が市民向けに行っている講座内容や大学の授業で扱う内容を、講座スタッフの養護学校教員らと知的障害者に分かりやすくプレゼンテーションなどを工夫した」とのことである。さらに、次のような工夫も行ったとのことである。例えば、①40名から80名くらいの受講生を8人程度のグループに編成し、講座の合間にグループによる話し合いやワークを入れ、理解を深めるようにした。また、各々のグループには、1、2名のスタッフや一般受講生を配置した。②視聴覚教材や模型、体験的学習、ロールプレイなどを使い、分かりやすくしたことなどである。杜のまなびやの実施に当たっても、このような学習支援方法はとても参考となる内容であり、後の章で述べるような方法を導くことになった。

　さて、1995年から始まった東京学芸大学公開講座「自分を知り、社会を学ぶ」は9年間行われ、2004年からは「いっしょに学び、ともに生きる」へと発展した。この新たに始まった講座の企画運営スタッフが2年目の取り組みをまとめた実践研究総括集（「いっしょに学び、ともに生きる」企画運営スタッフ，2006）の編集後記には、次のようなことが述べられている。

　　　大学を知的障害者の学びの場として利用しようとする試みは、1995年、本邦初の知的障害者向け講座『自分を知り、社会を学ぶ』として東京学芸大学で開催され、9年間続けられたのち、2004年から『いっしょに学び、共に生きる』として発展的に継続されている。この11年間の講座受講生はのべ約500名、実数約150名である。11年間継続して受講している人も数名いる。

　　大学を知的障害者の学びの場として開放していく他大学の試みは、1998年大阪府立大学で開講された『オープンカレッジ』を皮切りに、武庫川女子大学、桃山学院大学、皇學館大學などでも取り組ま

れるようになり、これまでに 25 カ所以上で開講されるに至っている。さらに、神戸大学、愛知県立大学、長崎純心大学、広島国際大学、目白大学、首都大学東京などでも独自に開講されている。

　その講座内容は多岐にわたっているが、大別すると、次のような類型となる。

①生活を見直し改善することをテーマとするもの（職業生活、家庭生活、地域生活などの諸課題や障害福祉制度などの活用、健康や心理学など自己管理や危機管理に関することも含む）

②新たな発見と知的興味を喚起するもの（自然科学系の講座や国際理解、地域文化に関わる内容など）

③文化・スポーツ活動などの体験学習（書道、タイルアート、写真、オペラ、ダンス、仲間と出かける企画など）

　これらの講座は、『大学』という高等教育・研究機関としての社会資源を活用することで、成人知的障害者の学習要求に応えつつ、知的障害者の生涯にわたる発達可能性と、継続学習の必要性への確信を関係者に明らかにすることに貢献していると言えよう。

　2 年目と同様に、3 年目の取り組みをまとめた実践研究総括集（「いっしょに学び、ともに生きる」企画運営スタッフ，2007）には、この年度の講座について次のようなことが述べられている。

　「今年の講座を準備する際に考慮したことは次の 4 点でした。第 1 は、今日的な課題を取り上げると言うこと、第 2 は、一般市民も共に学んで楽しい内容。第 3 は、これまでの経験から参加者に学びの効果が期待される学習活動として、実地的な活動を伴うことやビジュアルなプレゼンのある内容にすることが必要。第 4 に、今までに取り上げていない内容にも挑戦すること。

　今年の受講生は総勢 50 名。女性 16 名、男性 34 名。内一般市民 14 名でした。毎回の出席者は 34 名〜 39 名で、約 25％の方が欠席していた。受

講料は5,000円。

　運営委員会に登録されているスタッフは35名（養護学校関係者20名、福祉施設等関係者7名（学生兼任2名を含む）、大学関係者3名、学生2名、その他3名）。実際に今年度活動参加できたスタッフは23名であった」。

　上の文章等からは、次のようなことが考えられる。第1に、東京学芸大学の受講者数等の実績を踏まえれば、大学での学びを希望する知的障害者は少なくなく、また特別支援学校の教員が「講座スタッフ」にならなくとも大学の人的資源を利用すれば知的障害者の学習ニーズに応えられるのではないか。第2に、東京学芸大学以外の大学による講座の内容は多岐にわたっており、その際の講師は、必ずしも大学に籍を置くとは限らず、普段は障害のある人と接する機会がほとんどないか少ないと考えられる。したがって、運営スタッフのリクルートと講師の選定、1回ごとの講義目標や内容を知的障害者に伝わりやすくするための講師補助のあり方を検討することが必要である。

　大学における公開講座の今後の展望として田中（2006）は、わが国の大学における知的障害者に対する公開講座を調査し、結論として3点を挙げているが、そのうちの2点は以下のとおりである。

①今日、わが国の知的障害者などに対する大学の公開講座など学習支援の取り組みはいまだ歴史も浅く、従来の知的障害者を対象とした社会教育活動や生涯学習の取り組みとの区別や関連が曖昧である。

②大学における知的障害者などに対する学習支援の取り組みは、各大学の研究や教育に、また、地域貢献活動にどのように位置づいているのか、今後、大学がこれらの取り組みを、障害者の生涯学習の保障及び大学教育の門戸開放にどう繋げていくのかということが問われている。

　また、田中（2006）は、オープンカレッジを以下のように定義している。すなわち、オープンカレッジとは、「大学が地域住民の学習要求に応え、

『公開講座』等を開催して、大学の研究・教育を提供する地域貢献活動である。大学は、この活動を通して、自らの教育・研究力を高め、地域との連携・協働を築いていくことが求められる」。

　上記、2番目に挙げた結論の内容やオープンカレッジの定義に込めた思いは、今後の「杜のまなびや」の実施を通して考えていくべきであろうと考える。

第2節　国外動向

　障害のある人の生涯学習に関する研究会（2002）は、「障害のある人の生涯学習に関する国際的調査研究」を取り上げているが、その一つとして、肥後・花輪（2002）は、アメリカの知的障害者の生涯学習に関する調査を行い、ニューヨーク州・シラキウス地区の取り組みを紹介している。

　ここでは特に、シラキウス学区とシラキウス大学が共同で取り組んでいるオンキャンパスプログラムが紹介されている。「このプログラムの一つのアイデアは、同世代が学んでいる大学という場で障害のある学生のコミュニティーへの移行、後期中等教育以後の学習の場への移行を図ろうとするものである」（肥後・花輪，2002）。具体的には、19歳から21歳である障害のある高校生を対象としている。募集定員は6名であり、週に5日間シラキウス学区の教師（1名）と補助教員（6名）とともに登校する。大学のボランティア学生は44名で、学生には単位が与えられる。例えば、Roというレット症候群の女性は、21歳の時にオンキャンパス受講経験がある。参加した大学の授業はフィットネスであったという。また、シラキウス大学の教育学部と人間政策センターは、資金面、情報面、技術面、人的資源の面など様々な形での支援を行っているとのことである。

　本調査において、上記の肥後・花輪（2002）の報告の他には、イギリス、ドイツ、ノルウェーにおける障害のある人に対する生涯学習支援が紹介されているが、これらは大学以外の団体や機関の取り組みであった。そして、障害のある人の生涯学習に関する研究会（2002）は、各国の取り組

みの例を踏まえて、まとめと今後の課題を整理している。ここでの項目のみを取り上げれば、以下のとおりであった。これをみると、各国の障害のある人の生涯学習は、その場と内容および支援する人や組織に整理されることがわかる。

　1）障害のある人の生涯学習の場
　　（1）継続教育機関又は高等教育機関での学習　大学、短期大学、
　　　　専門学校
　　（2）地方自治体や公的センター
　　（3）施設や民間のセンター
　　（4）障害のある人の支援団体やボランティア団体
　　（5）保護者や当事者による組織化
　　（6）メディアを活用した学習の場
　2）生涯学習の内容と類型
　　（1）課題解決力獲得のための学習
　　（2）余暇活動拡大のための学習
　　（3）仲間づくりのための学習
　　（4）障害のある人が主体性、積極性を高めるための学習
　3）生涯学習を支援する人と組織

　一方、涌井・佐藤・肥後（2003）は、カナダのアルバータ州における知的障害者を対象とした大学での生涯学習プログラムを紹介している。一つは、アルバータ大学が実施しているオンキャンパス・プログラムであり、これは、（広義の）発達障害のある成人（18歳以上）に中等教育後の包括的教育の機会を提供することを目的としたものである。「オンキャンパス学生は、聴講生としてアルバータ大学に登録される。各講義の試験は受けるが、大学の卒業資格は与えられない。ただし、卒業式は行う（大学の卒業式と同時に行われる）」というような特徴があるようである。涌井ら（2003）の調査時点では、11名の発達障害がある者がオンキャン

パスに参加していて、卒業生は4名を予定している。その内訳は、重複障害（肢体不自由と知的障害）のある者が2名、ダウン症のある者が2名であるという。また、「アルバータ大学の正規の大学生はオンキャンパス学生にとって重要な役割を担っている。彼らはボランティアとして次のような事柄のサポートを行っている。学術的な講義、レクレーション・フィットネス活動、社会的な行事（ダンス、スポーツゲームなど）、クラブ・同好会・協会、ピア・チュータリング（仲間による家庭教師）」であるという。

　涌井ら（2003）が紹介しているもう一つのプログラムは、カレッジコネクション・プロジェクトであり、これは州立のカレッジで実施されており、運営の主体は大学職員であるとのことである。このカレッジコネクションも、オンキャンパス・プログラムと同様、「（広義の）発達障害のある成人に中等教育後の包括的教育の機会を提供することを目的としている。このプロジェクトの究極の目的は、個人の夢や能力に基づいた円熟した教育を行うことである。それに向けて次の3点を重点教育目標としている。①対人関係の機会、②人生を豊かにする経験、③キャリア発達と教育である」。なお、対象は、「発達障害がある18歳以上の者で、アルバータ州委員会に認定された者」であり、「カレッジの聴講生として登録される」とのことである。

　以上のようなカナダの取り組みを踏まえて、涌井ら（2003）は以下のようなまとめを行っている。「オンキャンパスもカレッジコネクションも、インクルージョンの理念を背景として、勉学だけでなく、大学生活を通じて得られる様々な体験や人間関係のつながりを重視している。2つのプログラムには、①参加者を少数に制限している、②学期期間中は講義を受講する、③夏季休業中に就業体験・実習を行う、④ボランティア学生によるピア・サポート制度がある、という4つの共通点がある。しかし、カレッジコネクションの方が、講義内容と就業体験が密接な関係にあり、より明確に就労を目指したプログラムになっている。また、オンキャンパスは当事者・親団体が立ち上げた民間団体が運営主体であるの

8

に対して、カレッジコネクションは大学自体の組織の一部として運営されているという違いがある」。そして、「アルバータ州で試みられている知的障害者の中等教育後の包括的教育においては、行政機関の役割が非常に大きいことがわかってきた」と述べられている。

　齋藤・徳永・小塩（2003）は、オーストラリア・クイーンズランド州における障害のある人の生涯学習を取り上げており、大学が関わる取り組みとしてクイーンズランド大学の例を若干ではあるが紹介している。すなわち、この大学の教育学部に設置されているフレッド＆エレノア・ショネール特殊教育センターにおいては、ダウン症候群青年を対象としたラッチオン・プログラムが行われている。「ラッチオン：The LATCH-ON とは、Literacy and Technology Courses: Hands On の頭文字をとったプログラムの名称であり、ダウン症のある青年たちの読み書きスキルを発達させようとするために考案された革新的ポスト・スクール・プログラムである」。「プログラムの対象は18歳から22歳までのダウン症のある青年たちである。青年たちは、週2回、9：30から15：30までプログラムに参加する」と述べられている。

　先述したアメリカニューヨーク州シラキウス地区での取り組み（肥後・花輪，2002）について肥後（2007）は、後に大学の役割について以下のように述べている。すなわち、「シラキウス大学においては、この先進的なプログラムを社会貢献として位置づけるだけでなく、学生の教育活動のオプションとして明確に位置付けていることが大きな特徴である。先進的な障害のある人の支援の在り方を学術的なレベルで支援するだけでなく、地域の障害のある人の支援プログラムに学内資源を提供し、地域における明確な貢献を果たしていることは、今後日本における高等教育機関の知的障害のある人に対するサービスの提供の在り方に大きな示唆を与えてくれるであろう」。

　このような視点は、「杜のまなびや」に関するわれわれの取り組みにあたっても考慮すべき視点として重視したい。学内資源としては当然ながら学生や大学院生がおり、彼らへの期待をどのように形にするかを考え

る必要がある。

　長谷川(2015)はアメリカにおける知的障害者の大学進学の状況を紹介している。彼によれば、「アメリカでは2008年に『高等教育機会均等法』が改正され、その後もすごい勢いで一般大学が知的障害者を受け入れるようになり、すでに約300校が受け入れており、さらに全米に広がりつつある」とのことである。そして、このような知的障害者の大学進学を中心的に推進しているのがThink Collegeというプログラムであるという。

　Think Collegeについて、この組織のホームページでは以下のような説明がなされている。

　　　Think Collegeは、知的障害のある人々のためのインクルーシブな高等教育の選択肢を発展させ、広げ、改善していくことを目的として設立された全国組織である。Think Collegeは、知識を生み出し共有し、制度の変化を導き、公共制度についての情報を提供し、そして生徒・専門家・家族と係わり合うことによって、エビデンスベースで生徒中心の研究と実践を支援している。

　以上、アメリカとカナダにおける大学の取り組みを取り上げた。この2国以外の諸外国における知的障害者に対する生涯学習支援、特に大学の支援状況について詳しく探れば、さらに多くの示唆が得られるかもしれない。しかし、ここで紹介した取り組みを踏まえるだけでも、世界的にみれば、大学での学びを希望する知的障害者に対して、それに応えようとしている大学がとても多くなっていることは念頭に置くべきであろう。

第3節　本章のまとめ

　本章では、知的障害者の生涯学習支援について、大学が実施することを念頭に、国内・国外の取り組みの内容や特徴について概観した。大学は、高等教育機関および研究機関として、様々な人的・物的な社会資源

を有しており、従来、それらを活用し、公開講座や教養講座、オープンカレッジ等の名称で、地域住民の学習に対するニーズに応えてきた。地域住民には、当然のことながら知的障害者が含まれるが、彼らの生涯学習はどのようにあるべきか。

　以上の観点からその手掛かりを得るために行われた種々の調査の結果からは、知的障害者の生涯学習支援において大学が一定の役割を果たす可能性があり、期待されていることが示された。こうした状況において、国内で知的障害者と対象とした公開講座を 1995 年から実施したのが東京学芸大学であった。この講座の内容は「生活講座」と「教養講座」に分けられ、知的障害者の取り組みやすさを配慮し、プレゼンテーションを分かりやすくしたり、少人数でグループを編成し話し合いやワークを挟んだりするなど理解が深まるような種々の工夫が重ねられた。その後、大学を知的障害者の学びの場として開放する取り組みは、国内において 25 か所以上になるに至っている。

　一方、国外においても大学が知的障害者の生涯学習について一定の役割を果たしていることが示された。先行する調査結果から、アメリカ、カナダ、オーストラリアの大学における取り組みが紹介されている。ここでの取り組みに共通していることは、知的障害を含めた障害のある学生と大学の学生や職員が大学の場で学習活動を介して様々な交流が展開することを重視していることであろう。そして、アメリカのシラキウス大学においては障害のある学生への生涯学習支援のプログラムを大学の学生に対する教育活動の一つとして明確に位置付けている。このことは、学内資源としての学生や大学院生の存在という点に関して、大学における知的障害者の生涯学習支援の在り方の一端を示唆するものであるといえる。学びを求める知的障害者に対して開かれた大学は多くなっている。

【引用文献】

長谷川正人 (2015) 知的障害者の大学創造への道―ゆたか「カレッジ」グルー
　　プの挑戦―．クリエイツかもがわ.

平井　威 (2006) 知的障害者の生涯学習支援．発達障害研究, 28(3), 202-207.

肥後祥治 (2007) アメリカ・シラキウス地区での取り組み．平成15年度〜18
　　年度科学研究費補助金 (基盤研究 (B))(課題番号15330205研究代表者
　　小塩允護) 研究成果報告書　知的障害のある人の生涯学習における支援
　　プログラムの開発に関する研究―社会および個人のヒストリーとネッ
　　トワークの検討による―．独立行政法人国立特殊教育総合研究所.

肥後祥治・花輪敏男 (2002) アメリカの知的障害者の生涯学習に関する調査
　　―ニューヨーク州・シラキウス地区―．障害のある人の生涯学習に関す
　　る研究会平成13年度「生涯学習施策に関する調査研究」報告書「障害の
　　ある人の生涯学習に関する国際比較」, 17-27, 国立特殊教育総合研究所.

「いっしょに学び、ともに生きる」企画運営スタッフ (2006) 2005年度東京学
　　芸大学大学公開講座「いっしょに学び、ともに生きる2」実践研究総括
　　集．東京学芸大学教育実践研究級支援センター.

「いっしょに学び、ともに生きる」企画運営スタッフ (2007) オープンカレッ
　　ジ東京 '06「いっしょに学び、ともに生きる3」実践研究総括集．東京学
　　芸大学教育実践研究級支援センター.

松矢勝宏 (監修) (2004) 大学で学ぶ知的障害者―大学公開講座の試み―．太
　　揚社.

斎藤宇開・徳永　豊・小塩允護 (2003) オーストラリア・クイーンズランド
　　州における障害のある人の生涯学習．障害のある人の生涯学習に関す
　　る研究会平成14年度「生涯学習施策に関する調査研究」報告書「障害の
　　ある人の生涯学習に関する調査研究」, 71-78, 国立特殊教育総合研究所.

障害のある人の生涯学習に関する研究会 (2002) 平成13年度「生涯学習施策
　　に関する調査研究」報告書「障害がある人の生涯学習に関する国際比較」
　　国立特殊教育総合研究所.

障害のある人の生涯学習に関する研究会 (2003) 平成14年度「生涯学習施策
　　に関する調査研究」報告書「障害がある人の生涯学習に関する国際比較」
　　国立特殊教育総合研究所.

田中良三 (2006) 大学における軽度発達障害をもつ人たちへの学習支援に関
　　する研究 (調査研究報告)．愛知県立大学.

Think College. What is Think College? https://thinkcollege.net/about/what-is-think-college.（閲覧日 2019 年 11 月 1 日）

徳永　豊・小塩允護（2002）我が国における障害がある人の生涯学習の現状と課題．障害のある人の生涯学習に関する研究会編「平成 13 年度『生涯学習施策に関する調査研究』報告書 障害のある人の生涯学習に関する国際比較」国立特殊教育総合研究所．

涌井　恵・佐藤克彦・肥後祥治（2003）カナダにおける障害のある人の生涯学習—アルバータ州における知的障害者を対象にした大学での生涯学習プログラム—．障害のある人の生涯学習に関する研究会．平成 14 年度「生涯学習施策に関する調査研究」報告書「障害のある人の生涯学習に関する調査研究」．71-78，国立特殊教育総合研究所．

第2章 「杜のまなびや」のコンセプト確立に至る経緯と計画

　「杜のまなびや」が開催されるきっかけは、海外における知的障害者の高等教育の現状を知る機会に端を発し、「なぜ、本邦の大学には知的障害者が在籍していないのか」という疑問へと発展したことを受けて、知的障害者の高等教育のあり方を議論することとなった。その際、とりわけこうした人々が大学で学ぶことの意義は如何なることかという点から議論が展開された。

　本章では、上記の議論から「杜のまなびや」のコンセプトが確立されるまでの過程を示していくこととする。すなわち、知的障害者の学びについて、生涯学習支援の場として大学を捉えること、また、その中で知的障害者がどのように学ぶ可能性があるのかということについて述べていく。さらに、本邦における知的障害者を対象としたオープンカレッジの状況などを踏まえ、「杜のまなびや」の特色である知的障害者とともに学ぶ存在としての「共同学習者」の概念が出来上がるまでを示した。そして、初期の運営を構築するにあたっての検討過程を示した。

第1節　知的障害者が大学で学ぶことの意義

1. 議論の発端と現状について

　「杜のまなびや」を開催するきっかけとなった疑問は、"大学といった高等教育機関に知的障害者が在籍していないのはなぜか"ということであった。大学の役割は、研究・教育・社会貢献といった機能を有し、知の集積・形成の拠点となることであると考えられる。このような高度の専門性を有する機関に対して、知的障害者はどのようなアクセスをすることが可能なのか(なぜアクセスできていない現状があるのか)というこ

とが疑問の出発点であった。2005年、川住隆一（元東北大学教授）と田中真理（九州大学教授）の二人が、当時所属していた東北大学大学院教育学研究科・教育学部で発達障害学を専攻する大学院生と学部生に呼びかけて初めての会合が行われた。その中で、知的障害者が大学の知にアクセスすることについて、二つの目的が想定されることを確認した。第一に、大学の地域貢献活動の一環として、知的障害者が大学の開催する公開講座等に参加することであった。第二に、知的障害者が入学試験を経て在籍し、正規の学生として学問を探求することであった。この二つの目的は、大学で学ぶという意味では同じであるが、その学び方において異なっている。公開講座の場合、受講生は仕事等をもちながら公開講座に参加することになり、生活上の主たる活動は仕事等になるだろう。そのため、公開講座の開催は余暇支援の一つとしても位置づけられることになる。一方で、正規の学生となる場合、学生としての身分保障がありながら学ぶことに専念できるようになる。正規の学生であれば、カリキュラムにのっとった教育が行われ、大学の知を体系的に学ぶ機会となる。また、大学は教育を享受できる機会を保障しなければならない。現代で言われるところの合理的配慮という視点で考えた時に、公開講座に比べると正規の学生として入学することは、より多くの課題を解決していく必要があると考えられた。このように二つの目的は異なっているが、それぞれの特徴を踏まえた上で検討を重ねていった。

　第二の目的である正規の学生としての在籍について、当時の状況は以下の通りであった。2005年当時、必ずしも知的障害者が大学に在籍していなかったわけではない。もっとも有名であるのは、『21番目のやさしさに　ダウン症のわたしから』の著者である岩元綾さんがダウン症者として日本で初めて4年生大学を卒業したことであろう（岩元，2008）。岩元綾さんは、鹿児島女子大学（現　志學館大学）英語英文学科で学び、1998年に卒業している。また、数としては少ないながらも、正規の学生として大学に所属している例は散見されていた。当然ながら、現在の制度で考えれば入学試験の在り方について検討すべき課題が大きいこと

は明白であった。しかしながら、そのことのみから上記の第二の目的を
検討しないことの理由にはならないと考え、議論を続けていった。

　第1章で述べたように、国内における知的障害者を対象とした公開講
座としては東京学芸大学における実践を挙げることができる。2005年の
時点では、東京学芸大学以外にも桃山学院大学、長崎純心大学、神戸大
学など複数の大学で公開講座が行われていた。これらの実践で得られた
知見は、2005年ならびに2006年の日本特殊教育学会第43回・44回大会自
主シンポジウムにて発表されている。第44回大会自主シンポジウム「知
的障害者の生涯発達と生涯学習保障2」では、①障害のある当事者の学
習ニーズは何か、それはどのような権利に根差しているか、②そこでの
「学び」とはどのようなものであるのか、「学び」の効果はいかなるものか、
③この取り組みを広げ、発展させ、定着させていくためには何が必要か
といった三点で議論が交わされた（松矢・平井，2007）。この議論を受け
て、「杜のまなびや」では、知的障害者の学習ニーズとは何か、特に何を
どのように学ぶべきであるかといった点に着目して議論を重ねていった。
また、この議論の過程の中で、学ぶのは知的障害者だけなのかという議
論があった。「杜のまなびや」では、大学生が参加しているが、その参加
の仕方は支援者としてではなく、知的障害者と「ともに学ぶ存在」として
の参加であった。この点は、次項で詳述するが、大学生が知的障害者を
支援するという一義的な位置づけをするのではなく、ともに学びながら
相互理解を深めていくという点が「杜のまなびや」の特徴であり、知的障
害者を「学習者」、大学生を「共同学習者」という概念で位置づけた。こ
の共同学習者とともに知的障害者が高等教育の内容を学ぶということが
東北大学の「杜のまなびや」の特徴である。この点について、その発想の
経緯を以下に記述する。

2．計画段階での議論の経緯

　「杜のまなびや」を開催するにあたり、5回の話し合いがもたれた。第
5回の話し合いにて、後の章で具体的に述べていく「杜のまなびや」のコ

ンセプトができあがり、その後の話し合いでは開催に向けての具体的な
準備が行われた。本章では、特にこの5回の話し合いに着目し、計画段
階での議論の焦点、課題について整理したい。

　以下の話し合いには、教育学研究科の教員と教育学部の大学生、およ
び教育学研究科の大学院およそ20名が参加した。それぞれの話し合い
では、テーマを設定して自由な議論が行われた。各回のテーマは以下の
通りであった。

　　第1回　スウェーデンの教育制度
　　第2回　東京学芸大学の公開講座の視察報告
　　第3回　①知的障害者のニーズ、②正規入学と公開講座の差異につ
　　　　　　いて
　　第4回　知的障害者のニーズと今後の方向性
　　第5回　目標と懸案事項の整理

　以下では、第1回～第4回の話し合いで得られた「杜のまなびや」のコ
ンセプトと関連する内容についてまとめた。それらは、第一に大学が生
涯学習支援の役割を担う必要性があるのではないかということ、第二に
「杜のまなびや」に参加する学生の役割はどのようなものであるのかとい
うこと、第三に知的障害者は大学で学ぶということにどのようなニーズ
をもっているのかということであった。なお、第5回の内容については、
次項の"「杜のまなびや」のコンセプト確立までの経緯"にて詳細に述べて
いく。

　（1）生涯学習支援を担う役割：第1回の話し合いでは、教育学研究科の
修士課程の院生がスウェーデンの留学体験について発表した。スウェー
デンにおける教育システム、障害者の教育や就労の状況について発表
が行われた。その中で、スウェーデンと日本で大きく異なっているの
は、日本の場合は高等学校卒業後に大学へと進学する人が多いのに比べ
て、スウェーデンの場合は必ずしもそのような進路をとる人が多くはな

いということであった。それは、兵役があることによるものでもあるが、大きな要因は生涯学習の理念が浸透していることであった。成人して、就労した後に学びたい時に学ぶことができるシステムが整備されている。このため、大学自体に生涯学習支援の拠点としての役割も付与されているという点が本邦との大きな差であった。この生涯学習という概念は、「杜のまなびや」の一つのキーワードとなると考えられた。

　（2）参加する学生の役割：第2回の話し合いでは、教育学研究科の教員が実際に東京学芸大学で行っている公開講座を視察した報告を行った。東京学芸大学の公開講座は既に10年以上の実績が積みあがっていた（詳細は、養護学校進路指導研究会（2004）に記載されている）。この公開講座では、「趣味・余暇」「仕事」「生活」「交際・結婚」など、知的障害者が成人期を過ごす中で必要となる学習としての意義に加えて、教養講座として「書に親しむ」「天気について楽しく学ぶ」などで構成されていた。実際に視察した教員からは、当日の公開講座の内容、講義を行った先生の説明の方法、参加者同士の関係、スタッフの役割など、詳細な報告が行われた。その中で、特に議論となったのは、講座中に知的障害者のサポートをする役割の在り方であった。東京学芸大学の公開講座のスタッフは、特別支援学校の教員といったように、現場で支援者として活躍している方が多かった。そのため、参加者と「支援する人 - 支援される人」という関係の中で活動が行われていると考えられた。この公開講座では、学部学生が参加しながら、参加者の主体的な学びが重視されており、活動の際には必要かつ最低限の支援が行われていた。このスタッフは支援者であるのかということ、すなわち参加者とスタッフがどのような関係性であるべきかということが中心に議論された。この点を議論する中で、大学の学部生が「共同学習者」となることの意義が検討された。その議論の要点は、参加者（知的障害者）と学生の相互に理解が深まることが可能ではないかということであった。参加者にとっては、大学生という学ぶ人を知るきっかけとなること、一方で学生にとっては、知的障害者の理解が深まることといった相互理解の場になるのではないかと考えられ

た。この「共同学習者」という役割は「杜のまなびや」の特徴であり、主として運営を行うスタッフとは異なった位置づけにすることとした。この「共同学習者」という役割は、第5回の議論の中でさらに検討が重ねられていくことになった。

　(3) 知的障害者のニーズと活動の方向性：第2回ではスタッフの在り方が議論された。この議論の中で、ある学生から知的障害者も大学生活をしたいのではないかという発言があった。この発言をきっかけとして、そもそも知的障害者が大学で学ぶニーズはどこにあるのかということが議論された。そこで、第3回、第4回の話し合いでは、実際に1名の知的障害者に大学で学ぶことのニーズについて聞いた結果が報告された。明らかになったことは、①大学に対しては楽しいというイメージを持っていたこと、②特定のことを学びたいというニーズは明確ではない、③現実の問題解決へのニーズは明確であるといったことであった。このように大学がもつ知への探求という役割に対しては明確なニーズがあったとは言い難かった。議論は、大学で知的障害者が学ぶということは、学問を探求する意味があるのか、余暇支援としての意味が大きいのではないかといった点を中心に行われた。この時点では、知的障害者が大学で学ぶということについて、当事者がそもそも大学の具体的なイメージを持っていないため、ニーズが明確ではなかった。そのような状況ではあったが、当事者のニーズがどこにあるのかによって、私たちが目指す目的は異なってくることは明らかであった。この議論に参加した教員・学生の中でも知的障害者の正規入学を目指した活動とすべきか、公開講座とすべきか、またそれらを連続性のあるものとして捉えるべきといった意見が混在しており、共通の理解は得られていない状況であった。そこで、この活動の目標を明確化するために改めて問題を整理することとなった。

3. 「杜のまなびや」のコンセプト確立までの経緯

　上記の通り、この活動の目標を明確化するために、第5回の話し合い

において改めて問題の整理を行った。以下は、2006年3月15日のレジュメである。このレジュメは、話し合いに参加していた教育学研究科の当時の大学院生（廣澤満之・大内将基）が作成したものである。

　このレジュメでは、まず"Ⅰ. 目標は何か？"の部分で「杜のまなびや」は、生涯学習の場となること、知的障害者が正規学生として入学することの二点が目標となることを踏まえた上で、現実的には公開講座から始めることを念頭に置いた議論が進められた。

　これを受けて、この目標に向けた具体的な課題を検討していった。これらの検討事項は以下の9点であった。①スタッフ、②講師、③対象者、④対象者の人数、⑤開講場所、⑥開講時間、⑦時期、⑧金銭面、⑨内容といった点であり、これらについてメリット・デメリットを検討していった。レジュメの"①スタッフ"に示されているように、大学生・大学院生は、この時点ではまだ「共同学習者」の位置づけが明確ではなく、あくまでも「スタッフ」であり、特に発達障害学を専攻する場合は「障害者への対応に慣れていること」をメリットとして考え、受講生を「支援する」存在と位置づけていたことが読み取れる。当初このようなレジュメの内容であったが、この回の議論をすすめていくなかで、「知的障害者の方にも学べる場を提供することで『みんなが』共生していくことを考えるべき」（当時修士課程小牧綾乃）、「学ぶ場こそ共生の場にしなくてはいけないのではないか」（当時、修士課程小島未生）等、その後の「共同学習者」のコンセプトにつながっていく意見が当時の記録に残っている。このような議論のプロセスを経て、先述のような知的障害者とともに学び、相互理解を深める「共同学習者」というコンセプトが明確になっていったのである。また、"⑨内容"に示されているように、専門的な知識を提供するのか、一般的な知識の提供にとどまるのかといった点も議論されている。実際には、高等教育機関であるからこそ提供できる専門的知識を提供することが決定された。このように、この第5回目の議論の中で、「杜のまなびや」の基本コンセプトが決定されていったという重要な会議であった。

I. 目標は何か？

これまでの話し合いの中からは、以下の二つが目標になると考えられる。
①生涯学習の場としての大学を提供すること
②知的障害者が社会参加として大学を利用すること

これらを踏まえると、以下のような3つの形態を取ることが考えられる。パターンとしては、以下に示した。

> 少人数の講座…学内のスタッフに限られた人数と予算で行う、試験的な講座
> 公開講座…多数の人を対象とした講座。現在いくつかの大学で行われている形態
> 正規学生の就学…私たちと同じ学生として大学に入る。

どのような目標を設定するかが大事だと思います。

II. 講座を行う上での検討事項

以下では、公開講座を行うとしての検討事項についてまとめてみた。

1. スタッフ

スタッフは学内の人材でまかなうのか、学外のボランティア、学校の先生などにも求めるのか
ったことが考えられる（東京学芸大学の場合、認識の先生が多く関わっている）。

<学内スタッフ>
（1）メリット
①人数は比較的確保しやすい
②学生にとっても障害者と触れ合うという機会になる
③公開講座を進めていく際に軌道修正が図られたときに、柔軟に対応ができる
④情報の共有がしやすい
（2）課題
①スタッフの入れ替わりが頻繁になる

<学外スタッフ>
（1）メリット
①障害者への対応に慣れている
②学内の学生にとって、学外スタッフの視点が学びになることができる（情報の共有など）
（2）課題
①連携が密にとれない可能性がある（学校・施設など）
②どこと連携するか（学校・施設など）

2. 講師

講師になる人は学外の大学外を問わず予算を対象とする。ただし、予算面の問題が大きい（予算の多くを

講師謝礼が占められる）。

3. 対象者

目標により対象者が異なってくる。たとえば、正規学生を迎えるために、正規学生を迎えるための前段階としての大学の授業を感じてもらうために行うのであれば、高校生を対象にすることになると思われる。その場合、別途の高校や他の高等養護学校と連携していく必要があると思われる。また、公開講座を行うこと自体を目的にするのであれば、年齢を問わず予定者を募ることになる。その場合、作業所や機関の会合に出向して宣伝し障害者を講座に設定するかどうかも考える必要がある。

（1）課題
①どのような障害者を対象とするのか
②どちらの目標であっても様々な機関・施設と連携する必要がある

4. 対象者の人数

段階により異なってくる。準備段階であれば、少人数を対象として試験的に行っていくことが考えられる。数十人規模で行うことになると思われる。本格的にやるのであれば、

<少人数の場合>
（1）メリット
①受講生のニーズを把握しやすく、それを個別的に活かすことができる
②スタッフの数が少なくてすむ
③受講生同士のつながりを密生やすい、凝集性が増す
④スタッフが緩やかな対応をできる
（2）課題
①対人関係の幅が狭くなる

<大人数の場合>
（1）メリット
①活気が出る
②様々な人との出会いがある
③資金を調達する際には有利
（2）課題
①スタッフの人数によっては、負担が大きくなる
②全員のニーズを講義に反映できない

5. 開講場所

東北大学が主体となるならば、知的障害者本人にとっての目標が生まれるのではないか。

（1）課題
①遠所を大学にすることで、知的障害者本人にとっての目標が生まれるのではないか
②地域に設定されることのない人の人間関係が築けなくなるのではないか
③通学を大学という意味が出てくるのではないか

6. 開講時間

対象者がどのような人かによって異なってくるであろう。高校生を対象とするのであれば、土・日の昼間に行うことになると思われる。仕事を持っているような人が多いので、仕事が終わった後、6〜7時ぐらいからのウィークデー・土・日になることになると思われる。いずれの場合にしても余裕を持って計画できるのは、土・日になると思われる。

7. 期間

期間としては、1回限りや短日で終了する短期間の講座と長期にわたって行われる形の講座が考えられる。たとえば、大阪府立大学での実践を参考にすると、そのような短期間の講座はオープンカレッジの講座は4年間を分けて卒業というようなスタンスをとっている。そのように長期的なカリキュラムを行うことで、受講生同士のつながりが必要とされるようである。4年間の中で学習活動を行うだけでなく、学校への参加などと大学のイベントにも参加しているようである。

<短期間の場合>
(1) メリット
①方向性が早く付く
②受講生にとって義務感が少なく参加しやすい

<長期間の場合>
(1) メリット
①受講生同士のつながりが強くなる
②大学に通っているという意識が生まれる

8. 金銭面

公開講座の運営、主催者などによって金銭面の負担が異なってくる。東北大学が主催するのであれば、このような講座に対して補助金などのカリキュラム運営をする必要がある。そのため、少人数の対象者に対する講座であれば、予算を組むことは難しいであろう。講師も内部の協力が得られる必要があると思われると、金銭面で負担になることは、講師謝礼への出る額が大きい。

9. 内容

まず、大学で行われるような専門知識を必要とする金銭とするようなが内容にするのか、一般的な知識を習得するのが目的にするのか。

<専門的な内容>
(1) メリット
①市民センターで行われるような講座では得られない知識や経験を習得できる
②各講座の知的好奇心を刺激することができる
③対象を知的障害者に限定する必要がない

(2) 課題
①専門的なレベルをどこにおくか(大学の講義のような次元は理解が難しいのではないか)
②講師をしてくれる人材の確保
③障害者に知的障害者の特性を知ってもらう必要がある

　この話し合いを通して、知的障害者が大学で学ぶことについて様々な意見が表明された。意見の一致をみたのは、学ぶ場を保障することの必要性である。日本の大学では、高校を卒業したらすぐに大学へと進学する場合がほとんどである。スウェーデンのように、それぞれが学びたい時期を選択することが日本では定着しておらず、これは生涯学習という意識が広がっていない証左である。このような状況において、知的障害者が仕事をしながら学ぶ、もう一度学びたいと考えるといった機会がないのが現状であった。大学の一つの役割である社会貢献という意味でも知的障害者の学びの場を構築する必要があると考えられ、さらには当該の地域での先駆的な事例となり得ると考えられた。

　一方で、正規の学生として在籍することの目標を掲げることについては、意見の一致をみなかった。大学に知的障害者が学べるコース等を創設するという考え方も出された。しかしながら、知的障害であることを条件にすることは、知的障害がない学生と分離することにつながる。学びの場や内容を共有していくことは可能ではあろうが、コースといっ

たように知的障害者が分離されて捉えることが社会に明示されることは、インクルージョンという理念に反するであろうということが考えられた。また、知的障害者が大学をどのようにイメージして、どのようなことを学びたいと考えているのかというニーズについても未検討であった。そこで、まずは公開講座を行い、その中で知的障害者のニーズを捉え、発展的な可能性として正規の学生として在籍することを検討することとした。

4．「杜のまなびや」の特徴

　このような議論を経て、東北大学で「杜のまなびや」を公開講座として開催することが決定された。具体的な内容については、第3章で詳述する。ここでは、「杜のまなびや」の特徴について二つの点を挙げる。

　（1）共同学習者という理念：これまで実践されてきた、知的障害者を対象とした大学公開講座では、多くの場合スタッフは支援者として位置づけられていた。一方で、「杜のまなびや」では、共同学習者として教育学部の学部生が入ることとなった。この共同学習者とは、学習者を支援する人ではなく、自らも当該のテーマについて学ぶ人である。知的障害者が参加する様々な教育・福祉の場では、多くの場合、知的障害者が支援される人であり、関わる人が支援する人である。このように「支援する人－支援される人」という固定的な枠組みではなく、知的障害者と大学生が相互に成長しながら場を共有することとした。この「支援する人－支援される人」という枠組みを外すことが目指すべき共生社会であると考えた。

　（2）大学の『知』へのアクセス：「杜のまなびや」は大学生が知的障害者と交流することが目的の場ではないことを確認した。交流を目的とした場は、「杜のまなびや」以外にも多数存在している。大学で開催することの意義は、知的障害者が大学の『知』（高等教育）にアクセスできることであった。したがって、生活に役立てること、これまで学習できなかったことを学び直すといった視点ではなく、あくまで学問に触れることが重要であると考えた。これまで日本における大学教育は、アメリカの制

度を基盤として“ジェネラル・エデュケーション”として位置づけられて
きた。アメリカにおいては、市民が高等教育における『知』にアクセスで
きることが、民族や性別に関係なく求められてきた歴史があり、社会的
マイノリティが大学とどのようにつながるのかといったことが議論され
てきている（吉田, 2013）。本邦においては、たしかに大学は大衆化され
ているが、なお、市民に開かれたものであるとは言い難いであろう。第
1回の話し合いで報告されたスウェーデンのように、市民に開かれ、生
涯にわたった学びができる場として大学を位置づけることが重要である
と考えられ、また、その市民には当然ながら知的障害者も入るべきであ
る。加えて、知的障害者と他の人々が対等の関係で学ぶことも重要であ
るだろう。「杜のまなびや」では、“共同学習者”が学習者と“支援する-
される”という関係ではなく「ともに学ぶ」ということによって対等に学
ぶということが可能になったと考えられた。

　ここまで、「杜のまなびや」の設立までの経緯を述べるなかで、知的障
害者が大学で学ぶことの意義を述べてきた。その中心は、対等な関係の
中で学習者が“共同学習者”とともに学ぶこと、大学の『知』に誰もが
アクセスすることができることであった。第2節では、実際に「杜のまな
びや」を開始するにあたり、検討すべき事項について整理するとともに、
スタッフの役割、初年度の実施計画について述べていく。

第2節　知的障害者の大学における学びの具現化

　以下には、上述した「『杜のまなびや』のコンセプト確立までの経緯」を
もとに、知的障害者の大学での学びを具現化するためのスタッフの役割
と検討事項の整理を行う。特に、第1節の第5回のレジュメにある“Ⅱ.
公開講座を行う上での検討事項”を受けて具体化した内容について示し
ている。

1．具現化への動き その一：オープンカレッジの名称

　第1節で述べたように、東北大学で企画されたオープンカレッジは、知的障害者の学習ニーズに根差しながら、「どのような学びをどのような方法で」といった学びの内容や方法を実践的に明らかにしていく試みが大きな特徴である。「何を」は、知的障害者（学習者）が生活に役立つ知識を習得することや、これまでに学習できなかったことを学び直すのではなく、「学問に触れる」ことに主眼を置いている（上述レジュメⅡ9.内容）。「どのように」は、知的障害者が学ぶ側となり、そこにかかわる人々が学びを提供する（または学べるように支援する）側になるという一方向的な関係を脱した学びの形を示している（上述レジュメⅡ1.スタッフ）。すなわち、知的障害者（学習者）にかかわる人々が「共同学習者」として学問に触れる場で、支援者ではなくともに学ぶ人であることが重要である。また、その結果として、知的障害者との相互理解を深めていくことが可能であると考えられた。

　このように、オープンカレッジは「学問をする場所」であり、かつ、かかわる人々（学習者と共同学習者）が「共同」で学問にアクセスするという2つの中心的なコンセプトを有してしていることが改めて確認された。こうした学びの場所を仙台（杜の都）に所在する東北大学で実現していこうという当時のスタッフの願いと決意が「杜のまなびや」[1]という名称に込められた。

2．具現化への動き その二：スタッフの役割と検討事項の整理

　本取り組みには、教員と大学院生、学部生からなる総勢20名ほどがスタッフとして関わることとなり、2005年の初の会合から月に1回程度の頻度で上記のスタッフはプロジェクト会議と称して集まり、議論や意見交換を積み重ねていった。こうしたなかで本取り組みの構想や方向性を具体化していく際に、より細かな検討を行うことや検討結果に基づ

1　本取り組みの名称が決定される以前は、「川住プロジェクト」と暫定的に呼ばれていた。

いて具体的な立案や計画を立てていくために頻回の会合が必要とされた。
そこで20名ほどのスタッフをいくつかのグループに分けて役割を分担
することとなった。

　役割として設置したのは「企画係」と「広報係」、「会計係」である。各係
に大学院生を中心とした2〜3名を配置し、これらの係が具体的な検討
事項を整理しスタッフ全員の動きをマネージメントしていくこととなっ
た。各係で担当した検討事項は以下である。

　【企画係での検討事項】
　1）講師の選定
　2）講義の内容や形態
　3）人員の配置（役割など）
　4）知的障害者（学習者）の募集およびニーズの把握について

　講師の選定については、「杜のまなびや」実施にあたり講義内容や講義
に必要な機器・物品（教材など）、具体的な進め方（形態）などについて、
講師とスタッフとの入念な打ち合わせが必要となることが予想されたた
め、学内の教員に依頼することとなった。

　そして、実施する講義は、学習者と共同学習者とがともに学びを得る
内容となることをめざし、どちらか一方は学びを得るが、もう一方には
学びが生じない内容にならないようにすることを確認した。まずは上述
のように学内の教員に対象を絞ったうえで、本取り組みの主旨を理解し
関心を持った教育学研究科の教員を講師に選定した。そして、教員自身
の専門性に依拠した内容で、かつ学習者と共同学習者双方の学びを実現
する講義を依頼した。

　講義の構成は、学習者と共同学習者との交流や相互理解をもとに学問
に触れることを目標としたため、1回の講座を2時間とし、①講師からの
講義（一斉講義）、②グループ討論、③発表および全体討論、④受講後の
感想聴取やアンケートといった構成（必要に応じて適宜休憩を入れる）と

した。また、実際の教室内を構成する人員は、受講生となる「学習者」と「共同学習者」、「講師」、学習者や共同学習者に対して必要に応じて適宜支援を行う「スタッフ」、そして、学習者の介助者や同伴者（保護者や施設職員、相談員、教員など）である「オブザーバー」であった。それぞれの構成員の詳細については第3章で述べる。

　学習者については、仙台市内の養護学校（現特別支援学校）に連絡をして、卒業をひかえた高等部生（3年生）を中心に募ることにした。また、発達相談支援センターの成人支援の担当者と連絡を取り合い、担当者が支援している成人の知的障害者を紹介してもらった。その後、スタッフが該当する知的障害者に直接会い「杜のまなびや」の説明をして、大学に対する印象や学びたい内容などについて面接調査を行った。

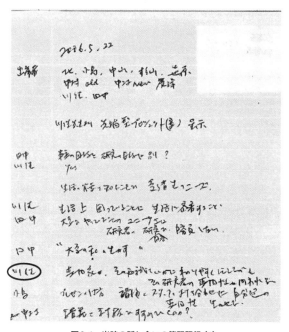

図2-1　当時の話し合いの筆記記録 (1)

川住氏の「専門家がその知識をいかにわかりやすく伝えるかもその研究者の専門性が問われる」という、「杜のまなびや」のコンセプトにつながる発言が記されている。

【広報係での検討事項】

1）パンフレットやチラシのデザイン、「杜のまなびや」当日に大学
　　構内に掲示する立て看板や案内表記
2）共同学習者の募集と主旨の説明について

　対象となる知的障害者はもとよりその保護者や学校関係者、福祉関係
者に周知されやすいパンフレット、立て看板、案内表記を作成した。「共
同学習者」の理念に合った学生をどのように確保するかについては、主
に学部生を募ることにした。その理由は、知的障害者の学びを提供する
大学の人的資源となる学生もともに成長する存在として本取り組みにか
かわるなかで共生社会の在り方を考えていこうとしたことが第一である。
加えて、学習者となる知的障害者が大学で学ぶにあたって、大学生と知
り合い交流を深めていきたいというニーズが彼らのなかにあることが事
前の面接やアンケート調査で明らかになった。そこで、学内で2回にわ
たって事前説明会を実施し、「杜のまなびや」の主旨や目的、取り組みの
重要な特徴である「共同学習者」の意義やその役割について説明するなど
して参加希望者を募った。説明会には10名程度の学部生参加者があり
（このときは教育学部の学生のほか、法学部の学生が参加した）、説明後
には参加者の学習歴や学問的関心内容、知的障害者とのかかわりの経験
内容や年数、参加希望の動機などを確認するためのアンケートを実施し、
実施のための基礎資料とした。

【会計係での検討事項】

1）実施のための予算確保について
2）「杜のまなびや」実施にともなって必要となる物品について
3）スタッフや参加者のボランティア保険の加入に関わる手続きや
　　確認について

実施に関わる予算をどう確保するかについて検討した。これについて、

本講座の受講料を徴収する案についての議論もなされたが、本取り組みは知的障害者の学びやQOLの向上に大学の有する学問知をどのように役立てることができるかという社会（地域）貢献活動が第一の目的であること、さらに、こうした取り組みを通して知的障害者の高等教育の在り方を検討していく研究目的も含んでいること、これら2つの目的のもと、受講料の徴収は行わず、無料の講座として実施していくこととなった。こうした理由から、学内の研究経費（競争的資金）を使用することにした。

　なお、本取り組みについては、初年度から取り組みの概要を大学に報告するとともに、そこでの検討事項や次年度に向けた課題について研究報告することを通して、東北大学大学院教育学研究科ネットワークセンターの事業化へと発展し、以後10年間の取り組みを資金面で支えることが可能となった。このことは、この取り組みが社会的に価値のあるものであるということを東北大学として認めていることの証左であろう。

　以上の検討事項は、20名ほどのメンバーが会する全体会議で報告され、適宜確認・共有が行われた。そのなかで「杜のまなびや」実施に必要な協議事項が新たに立てられたり、スタッフの具体的な役割が決まったりし、そのことによってスタッフ間の問題意識も共有されて取り組みを推進していった。また、上記の3つの係は、必要に応じて人員を増やしたり役割の調整を行ったりしていくなかで、「杜のまなびや」運営のための業務や役割が具体化されていった（詳細については第3章で述べられている）。

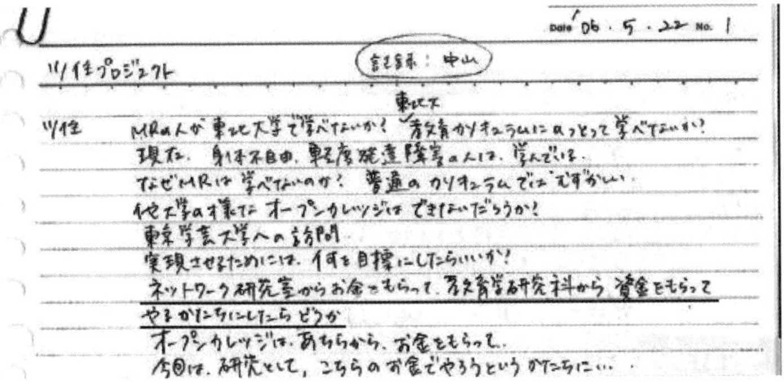

図 2-2　当時の話し合いの筆記記録 (2)

「川住プロジェクト議事録」と表題を書かれた大学ノートの 1 ページ目の議事録。「ネットワーク研究室 (教育ネットワークセンター) からお金をもらって教育学研究科から資金をもらってやる形にしたらどうか」という川住氏の発言メモが残されている。(MR は知的障害の略)

第 3 節　本章のまとめ

　本章では、「杜のまなびや」のコンセプトが確立するまでの経緯について述べてきた。当時も含め、本邦においては知的障害者が高等教育の「知」にアクセスすることは難しい現状がある。この点についての疑問に端を発し、生涯学習支援ができる場として、とりわけ「学問に触れる場」としての大学を位置づける必要性が議論された。また、「杜のまなびや」に参加する学生がどのような立場で参加するのか、特に、知的障害者とどのような関係であるべきかということが最も議論された点である。教育や福祉の場では、知的障害者は支援される人として捉えられていることが多いであろう。支援者と知的障害者のこのような関係性は、この社会構造の中で必要な面でもあるが、一方で、両者の関係を固定化させるものでもある。「杜のまなびや」では、高等教育機関の「知」に知的障害者と学生が対等な関係でアクセスすることを目指した。このような対等な関係を前提として、両者がともに学び合った結果として、相互に理解することができるのではないかと考えた。支援者として理解するのではなく、対等な人として理解することが「共同学習者」であるといえる。

実際の運営においては、教育学部・教育学研究科の学部生、大学院生が中心となり、企画係・広報係・会計係として役割を分担していった。さらに、「杜のまなびや」の実践から得られた知的障害者の生涯学習に関する知見を研究として公開することで社会に還元することを目指した。研究に関する詳細は第3章で述べるが、特に、「学習者」や「共同学習者」がどのように学びを進め、相互理解を深めていったのか、また、「スタッフ」「講師」が「杜のまなびや」を通して、どのような気付きを得ていたのかに関する知見を研究としてまとめていった。なお、本章末のコラムでは、当時大学院生で「スタッフ」だった杉山章が、大学教員になった現在の職場でも生涯学習事業に取り組み、その原点として「杜のまなびや」を振り返りその意義を語っている。

【引用文献】
　岩元　綾（2008）21番目のやさしさに：ダウン症のわたしから，かもがわ出版：京都.
　松矢勝宏・平井　威（2007）知的障害者の生涯発達と生涯学習保障2（日本特殊教育学会第44回大会自主シンポジウム報告），44（5），356.
　養護学校進路指導研究会（2004）大学で学ぶ知的障害者―大学公開講座の試み，星雲社：東京.
　吉田　文（2013）大学と教養教育―戦後日本における模索，岩波書店：東京.

コラム　「杜のまなびや」の実践を振り返って

東海学院大学　杉山　章

　令和2年度の「学校卒業後における障害者の学びの支援に関する実践研究」（文部科学省委託事業）のコンファレンスが終わりました。愛知で委託された団体（NPO法人学習障害児・者の教育と自立の保障をすすめる会）の皆さんの取り組みに、ご一緒させていただきました。感謝しています。さて、その取り組みの中で、運営協議会が開かれ文部科学省の方が今後の事業推進について伝達されました。会議後、その方が私に「こういったことに以前から取り組んでいるのか」と聞かれたので、「東北大学で川住隆一先生や田中真理先生にお世話になりました」と話をしました。「この委託事業の東北ブロックは、東北大学の石井山竜平先生に取りまとめてもらっている」とお聞きしました。私が大学院生のときに経験した「杜のまなびや」創成期（現在も続けられています）についても、ご存知のようでした。当時の「杜のまなびや」で、石井山竜平先生には講師を務めていただいていました。その時の「杜のまなびや」の取り組みが、直接的に影響しているかどうかは定かではありませんが、つながりを感じることができ、当時の状況に思いを巡らせました。

　当時、障害のある青年の生涯学習の場であった「青年学級」は、その根拠法令となる「青年学級振興法」が廃止（1999年）されており、その実践基盤は非常に危ういものとなっていました。また、少数の私立特別支援学校が高等部以降の学びの場として「専攻科」を設置していたのですが、その専門性を高め価値を広めようという全国専攻科（特別ニーズ教育）研究会の動きがあったり、2006年に鳥取大学附属特別支援学校において新たに設置されたりしていました。

　その頃の大学が主体となったオープンカレッジについては、主に東京や関西で、特別支援学校の退職・現役教員や障害者の生涯に渡る学習権保障を求める方々を中心に実践されていました。そして、外部講師を招いた身だしなみ講座や人との関わり方等の身辺のことから、複数の学問

領域の専門的知識等、様々な内容が展開されていました。受講生である障害者と共に参加する学生は、当事者の理解や学習を支援するための役割が与えられていました。

　「杜のまなびや」の取り組みは、私が大学院に入学する前から始まっていました。社会人学生として大学院に入学したての頃、院生室で年下の先輩方から「川住先生と田中先生から、知的障害のある人が大学で学んだら何が起きるのだろうと問われたんだよ。昨年から何度か話し合いがあってね」と経緯を聞きました。私が大学院生となった年度は実践の年度でした。川住先生と田中先生が大学から予算を獲得し、講師として先生方をスカウトし、受講生として知的障害者・大学生を募りました。川住・田中研究室に在籍している大学院生が中心となり実践の全体像を構築しました。話し合いや打ち合わせが、主体的かつ組織的に開かれました。年間3回の開催、パンフレット・チラシ作り、事前事後の学習者へのインタビュー、講師となる先生と当日に向けた打合せと資料作成（プレゼンと配布資料に振り仮名）、講座毎の事後アンケート作成…大学院生の先輩方は各自の研究を進めながらの取り組みでした。きっと、私が語れるのは一部で、先生方を始め先輩方が、私の知らないところで動かれていたように感じます。手際のよい実践化に只々感心した覚えがあります。

　さて、「杜のまなびや」の実践は、私にとって非常にエキサイティングなものでした。学習者に大学まで足を運んでもらいインタビューをさせていただきました。調査の側面は当然ですが、それと共に生き生きと生活されている学習者の皆さんのものの見方や考え方、生活の一部を垣間見ることができ、インタビューすること自体がとても興味深いものとなりました。「そんな風に見えてたんだ、考えてたんだ」「それが楽しみなんだ、気になるんだ」一人ひとりの豊かな世界を知ることができ、私の中の「知的障害のイメージ」が変わったような気がしました。「杜のまなびや」をきっかけに何年も付き合うことになった方もいらっしゃいます。その方は、図書館で借りる本を予約し、選挙の際には選挙事務所で話を

聞き、音楽フェスティバルでは実行委員になり…私よりも能動的に人生を送っているようにも感じました。

　「杜のまなびや」の取り組みの特徴は、「大学の知を解放する（講師は大学教員に限定）」ことと、知的障害者以外の受講生（大学生）を「知的障害者の学びを促進する役割」ではなく、あくまでも「共同学習者」として位置づけ、共生社会を標榜し「共に学ぶ」ことを第一に考えたことではないでしょうか。「障害者の生涯学習の推進方策について―誰もが、障害の有無にかかわらず共に学び、生きる共生社会を目指して―（報告）」（2019）において提言された「大学に期待される取組」の一部を具現するのみならず、大学生の学びをも考慮し、非常に先取りされた実践となっていたのではないでしょうか。

　「杜のまなびや」でインタビューさせていただいた皆さんの笑顔、言葉、いまだ鮮明に記憶に残っています。この実践で多くのことを学びました。かかわりのあった全ての人に感謝いたします。

第3章　構成員、運営と開講された講座及び、実施された研究内容

　知的障害者と大学生・大学院生が大学において共に学ぶことを大きな特徴とした、「杜のまなびや」は、2006年以来、2016年に至るまで11回に渡って開催されてきた[1]。そして、「杜のまなびや」の中では、計31講座が開講された。この章では、第2章で述べた「杜のまなびや」のコンセプトのもとに実施された「杜のまなびや」の構成員の概要及び、「杜のまなびや」の運営について整理する。それとともに、「杜のまなびや」に参加した受講生人数の推移、開講された計31講座の内容、及び「杜のまなびや」をフィールドとした知的障害者の生涯学習に関して行われた研究内容についてまとめる。そして、まとめた内容から「杜のまなびや」という実践の特徴と意義について考えていくこととする。

第1節　「杜のまなびや」の構成員

　まず第1節では、第2章で述べた各構成員（学習者、共同学習者、講師、スタッフ、オブザーバー）についての概要を述べるとともに、それぞれにとっての「杜のまなびや」の意義をまとめる。

1. 学習者
　第1章及び、第2章までにも繰り返し述べられているように、「杜のまなびや」は、知的障害のある学習者に対し、生涯学習の場を提供することを目的として実施される。したがって、「杜のまなびや」のすべての構成要素は、この目的を達成するために設定される。講座内容は、担当講

1　2017年度は、約10年間にわたるこれまでの取り組みを振り返り、今後も「杜のまなびや」を開催していく上での課題を整理する年と位置付けたため、講座を開講しなかった。

師の専門分野に関わる内容であるため、高度に専門的であるが、伝え方を工夫することにより、学習者にとっても理解しやすい内容となる必要がある。そのような様々な専門性に触れる機会を提供することは、学習者の知的好奇心を刺激し、興味関心の広がりや、豊かな生涯学習につながることが期待される。また、学習者にとって日常生活では触れる機会が少ないと考えられる専門的な知識に触れることで、学習意欲の向上が期待される。さらに、一方的な講義だけでなく、討論を行うことにより、共同学習者である大学生・大学院生との交流を行う。この交流が学習者にとって大きな参加動機となる場合もあり、その意義については第5章にて後述する。以上より、学習者にとって「杜のまなびや」とは、知識・社会的な関心・意欲の向上が期待できる場になるといえるだろう。

2．共同学習者

　共同学習者は、学習者と同じ立場で講座を受講する大学生・大学院生である。重要な点は、共同学習者が知的障害者の支援者ではなく、あくまで対等に学び合う存在であることである。共同学習者にとって「杜のまなびや」は、大学では交流する機会のない知的障害者とのコミュニケーションの場である。事実、共同学習者における「杜のまなびや」への参加動機は、知的障害者との交流であることが最も多くみられた（松﨑・野崎・横田・永瀬・南島・小野・後藤・菅原・平山・川住・田中，2013）。「杜のまなびや」における知的障害者との交流により、共同学習者における知的障害者とのコミュニケーションスキルの獲得、および知的障害への態度の肯定的変化が明らかになっている（永瀬・李・野崎・松﨑・小野・菅原・広木・鍋倉・川住，2015）。共同学習者と学習者との交流は、講座中のみならず休憩時間中にも行われる。このような日常的な文脈に近い状況でも交流を行うことにより、知的障害者についての理解が促進されると考えられる。

　また、講座内容自体の学びも期待できる。大学では、学年が上がると専門的な内容に関する講義が大部分を占め、学生が専攻した分野とは異

なる専門分野や近接する学問領域の講義に触れる機会が少なくなる。「杜
のまなびや」では、様々な専門分野の講師による講座を開講するため、
大学生・大学院生にとっては、自身の専門分野以外の専門的な知識を得
る場にもなり得るだろう。

　さらに、学び合いの場に共同学習者が存在する意義として、討論を活
性化させることが挙げられる。知的障害のある学習者だけでなく、学習
者と同じ立場で参加する共同学習者が討論の場にいることにより、学習
者とは異なる立場からの意見を発言したり、学習者からの発言を受け止
めたりする役割となることが考えられる。

3．講師

　講師を務めるのは、東北大学の教員であり、自身の専門分野を内容と
する講座を行う。1回の講座は、知識伝達のための講義とそのテーマに
関連した討論から成り立つため、講師は、討論になりうる講義内容・構
成を検討する必要がある。また、普段の講義では対象としない、知的障
害者が対象として含まれるため、知的障害に関する知識を深め、知的障
害者が理解できるように講義を構成することが求められる。このような
手続きの中で、講師自身の専門性の中核を分かりやすく伝える工夫を迫
られることとなるため、自身の大学での講義と「杜のまなびや」での講座
を比較することなどを通して、自身の教授活動を振り返る機会となる。

4．スタッフ

　スタッフは、主に東北大学教育学部・研究科発達障害学分野に在籍す
る大学生・大学院生、および教員で構成される。スタッフは、「杜のまな
びや」全体の運営を行い、準備段階では、受講生の連絡調整、担当講師
と講座内容の検討を行う。当日は、学習者への支援と共同学習者と学習
者の学び合いの橋渡しをする存在である。

　「杜のまなびや」において学習者と共同学習者の学び合いの場を運営す
ることを通してスタッフは、多様性の理解や、知的障害者が大学で学ぶ

ことについて考え、それにより、高等教育機関としての大学の役割に関する気づきを得ることが明らかとなっている（野崎・滝吉・横田・佐藤・佐藤・永瀬・松﨑・川住・田中，2012）。このようなスタッフの学びについては、第7章にて詳述する。また、「杜のまなびや」をフィールドとした知的障害者における生涯学習に関する研究を行う。その詳細については本章第3節で述べる。

5．オブザーバー

　当日学習者とともに来場した学習者の家族や、移動介助を行う福祉支援者、また、学習者を募るにあたり協力をいただいた学校教員や行政・福祉・大学の教職員等で本取り組みに関心を持ち見学に来ていただいた方々などである。講座に直接に参加するわけではなく、同じ教室内でオブザーバーとして講座を見学してもらった。オブザーバーとして講座を"一歩離れた"視点から観覧することで見出された本取り組みの意義については、第7章にて詳述する。

　ここまで「杜のまなびや」の各構成員の概要について整理した。以上のように、各構成員は「杜のまなびや」に参加することで、それぞれ異なる学びを行なっていることが想定される。続いて、次節では講師とスタッフが担う役割と一年間のスケジュールについて整理する。

第2節　講師とスタッフが担う役割と一年間のスケジュール

1．講師とスタッフが担う役割

　講師は、1名から3名の大学教員が務め、講師自身の専門性を踏まえた講座の資料作成や、各回の講座の進行を行う。運営するスタッフは、1名から2名の教員スタッフ、10名から20名程度の学生スタッフから構成される。教員スタッフは「杜のまなびや」の運営に関する統括及び、学生スタッフに対する指導・助言、および、講師への講座担当の依頼や、「杜

のまなびや」に関する予算の管理や執行などを行う。学生スタッフは「杜
のまなびや」の運営に必要な様々な役割を担い、具体的には、受講生募
集のための広報活動、講師の相談や補助、会場や講義で使用する機材の
確保・準備、「杜のまなびや」開講前後における受講生との面接などの役
割を担う。

　また、教員スタッフと学生スタッフは、「杜のまなびや」に関わる受講
生や講師、スタッフがその中でどのような体験をするのかといった点や、
「杜のまなびや」における体験が受講生やスタッフにどのような影響を
与えるのかといった点を明らかにすることを大きな目的とした研究を継
続的に行う。「杜のまなびや」に関する研究は、これまでの「杜のまなび
や」の活動を踏まえた上でその内容が決定され、教員スタッフと学生ス
タッフとが立案した研究計画に従い実施される。そして、これらの研究
によって明らかになった知見は、次年度以降の「杜のまなびや」の活動や
運営に反映される。ここまでで述べた「杜のまなびや」の運営に関わる業
務と担当するスタッフについて表3-1に示すとともに、チラシと会場の
セッティングを図3-1，3-2に示す。

表3-1　運営と研究に関わる業務と担当するスタッフ

	運営に関わる業務
講師	<講座> ・講座で使用する資料の作成 ・講座の進行
教員スタッフ	<運営全体> ・講師への担当依頼 ・各業務の進行状況の確認 ・予算の管理や執行 ・学生スタッフへの指導・助言
学生スタッフ	<広報> ・受講生募集のためのチラシ・パンフレットの作成 ・受講生募集のためのチラシ・パンフレットの郵送や掲示 ・ホームページの内容更新 <講座> ・講師との相談・打ち合わせ ・講座の進行に関わる補助 ・講座内で実施するグループワークの司会進行 ・グループワークで話をすることが難しい学習者の補助 <受講生への対応> ・講座開講前後における受講生との面接 <会場・機材等のセッティング> ・会場の確保、及び設営 ・講座で使用する機材の準備・設定 ・記録機器の準備・設定
	研究に関わる業務
教員・学生スタッフ	<研究全体> ・研究計画の立案 ・論文・報告書の執筆
学生スタッフ	<データの取得> ・研究で必要となるデータの取得

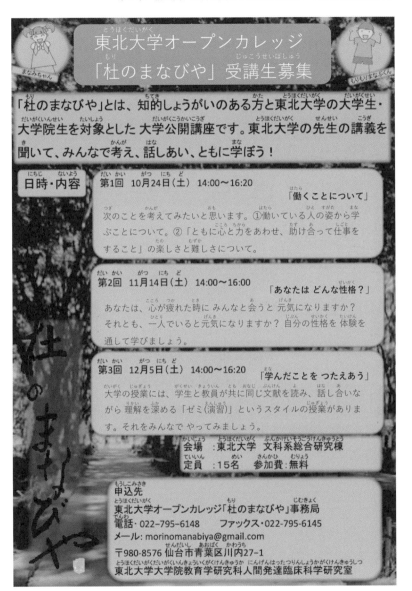

図3-1　参加者募集に使用されたチラシの例

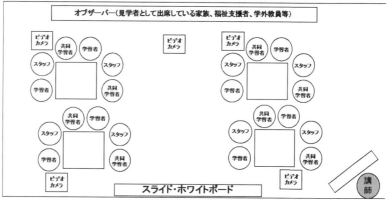

図3-2　会場セッティングのイメージ

2．一年間のスケジュール

　続いて、「杜のまなびや」の一年間のスケジュールについて、運営に関するスケジュールと研究に関するスケジュールに分けて述べる。まず、運営に関するスケジュールについて、新年度の4月に、教員スタッフと学生スタッフの顔合わせが行われ、その中で、講座を担当する講師依頼を誰に行うか、どのように受講生の募集を行うか、といった点が話し合われる。そして、この話し合いの内容を踏まえた上で、講師の決定、受講生募集のためのチラシ・パンフレットの作成・郵送・掲示、ホームページの内容更新などが進められる。これらの進捗状況については、月1回から2回の頻度で行われる教員スタッフと学生スタッフとのミーティングによって確認される。講師は、教員スタッフから直接依頼をし、5月までに決定される。

　受講生の募集については、「杜のまなびや」のホームページ上に受講生募集の案内を掲載するとともに、チラシやパンフレットによる募集も行う。学習者募集は、継続的に参加している学習者へのチラシ・パンフレットの郵送、地域の社会福祉協議会の運営する福祉施設へのチラシ・パンフレットの掲示などの方法によって行う。また、共同学習者の募集は、大学内の掲示板へのチラシ・パンフレットの掲示、教員スタッフが担当する大学の講義内での紹介などの方法によって行う。

　講師が決定された5月から「杜のまなびや」が開講される10月までの期間では、講座の具体的内容が決定される。講座の具体的な内容に関しては、大まかなアウトラインを講師が作成し、運営統括を担当する教員スタッフや学生スタッフが学習者の特性を踏まえながら、講義内容や講義の進行上で配慮が必要な事柄について助言を行う。この教員スタッフと学生スタッフとの打ち合わせの中で、講座を行う会場や講座に必要な機材が決定され、準備が進められる。

　9月になると、「杜のまなびや」の受講生が決定し、受講生それぞれとの個別面接が行われる。その理由としては、講座に参加するにあたっての学習者のニーズを把握することがあげられる。学習者の中には、学ぶことに対して高い動機づけがありながらも、見知らぬ他者と会話をすることに緊張や不安を抱える者や、漢字の読みに困難さを抱える者など、多様なニーズを抱えている者が多い。そのため、個別面接では、学習者の近況に加えて、杜のまなびやに期待していること、心配していること、配慮してほしいことなどのニーズが聴取される。面接を行った学生スタッフは、これらのニーズについて講座で配慮することを学習者本人に伝えるとともに、スタッフ間でも共有し、それらのニーズを踏まえた上で講座内容の準備や講座当日の運営を行う。

　10月から12月の3ヶ月は、「杜のまなびや」の各講座が開講される。毎年度3回の講座が各月に1回ずつの頻度で開講され[2]、講師によって講座

2　2016年度の「杜のまなびや」では、12月に1講座のみが開催された。

の進行が行われる。教員スタッフと学生スタッフは、講座内におけるグループ討論の司会進行や、受講生の発言を分かりやすい表現に言い直すなどの関わりを学習者に対して行うことによって講義の円滑な進行を補助する（永瀬・李・松﨑・広木・鍋倉・太田・鴻野・川住，2016）。翌年の1月から2月においても、受講生それぞれとの個別面接が行われる。「杜のまなびや」終了後に行われる個別面接では、上述した受講生の有するニーズに対する配慮が適切であったかどうかに加え、「杜のまなびや」に参加した感想などが聴取される。

　次に研究に関するスケジュール（表3-2）について述べる。新年度の4月から上述した講座に関する準備と並行して、月1回から2回ほどの研究会を開催し、教員スタッフと学生スタッフがディスカッションを行いながら研究計画の立案、および詳細が決定される。その後、受講生を対象に9月に事前面接、1月に事後面接が行われる。それに加え、10月から12月の「杜のまなびや」の各講座の中でデータ取得が行われる。データ取得後、1月から2月にかけて教員スタッフと学生スタッフによって、調査によって得られたデータの分析と分析結果に関するディスカッションが行われる。これらのプロセスを経て執筆された研究論文や活動報告書は3月に公刊される。

　ここまで、第2節では「杜のまなびや」の講師とスタッフが担う役割と、「杜のまなびや」の運営と研究に関する一年間のスケジュールについて整理した。これらのことから、「杜のまなびや」のスタッフはこの2種類の役割を並行して行っていたことがわかる。続いて、次節では「杜のまなびや」を受講した受講生人数がどのように推移したのかという点と、どのような内容の講座が開講されたのかという点の2点について概観しながら、「杜のまなびや」の実践が有する意義について考えていく。

表3-2　「杜のまなびや」の運営と研究に関する一年間のスケジュール

月	運営スケジュール	研究スケジュール
4月	・講師の依頼 ・受講生の募集	・研究計画の立案
5月	・講師の決定 ・講座内容の検討・準備 ・受講生の募集	
6月		
7月		
8月		
9月	・受講生との個別面接 ・講座内容の検討・準備	・事前面接による研究データ取得
10月	・講座内容の検討・準備	
11月	・第1回「杜のまなびや」 ・第2回「杜のまなびや」	・講座中の研究データ取得
12月	・第3回「杜のまなびや」	
1月	・受講生との個別面接	・事後面接による研究データ取得 ・研究論文・活動報告書の執筆
2月		
3月		・研究論文・活動報告書の公刊

第3節　受講生人数と講座内容

1．受講生人数の推移

　2006年度から2016年度までの受講生人数を学習者と共同学習者ごとに算出したものを図3-3に示した。この図3-3から、学習者、共同学習者ともに、毎年10名前後参加していることがわかる。このことは、学習者においては大学で学ぶこと、そして、共同学習者においては知的障害のある学習者とともに学ぶことに対するニーズをある程度有しているということを示唆している。こうしたことから、「杜のまなびや」の取り組みが有する意義の1つとして、上述したような知的障害者と大学生の「学び」に対するニーズに応えるという点があると考えられる。

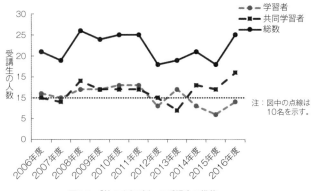

図3-3 「杜のまなびや」の受講生の推移

2. 開講された講座内容

　次に、2006年度から2016年度の「杜のまなびや」で開講された計31講座について整理する（川住，2007；2008；2009；2015；2016；田中，2010；2011; 2012；2013；2014；野口，2017）。各講座題目と内容、及び講師の専門領域について表3-3に示した。

表3-3　開講された講座について

各講座の題目と内容	講師の専門領域
2006 年度 第1回　「外国に生きる子どもたち」 内容：韓国の通過儀礼に関する講義が行われた後、受講生自身が経験した通過儀礼について振り返りながら、通過儀礼の意義について討論を行った。	文化人類学
第2回　「見るということ」 内容：錯視についての風景写真を提示しながら、「見る」という行為に関する講義が行われた後、「実際とは違って見えた経験」について討論を行った。	発達障害学
第3回　「働くことについて」 内容：知的障害者が働く工場の様子に関するVTRを視聴した後、そこで行われている実際の工夫が何かについて討論を行った。	発達心理学

表3-3　開講された講座について（続き）

各講座の題目と内容	講師の専門領域
2007 年度	
第1回　「自分ってなんだろう？」 内容：自己の多様な側面についてロールプレイング等を通して体験的に学んだ後、受講生自身の自己の特徴について討論を行った。	発達障害学
第2回　「はたらくということ　2」 内容：知的障害者の就労に関連する VTR を視聴した後、受講生自身の仕事やアルバイトの体験から、嬉しかったことや大変なことについて討論を行った。	発達心理学
第3回　「スポーツについていろいろ考えてみる」 内容：まず、ミニバレーやミニテニスを体験した。次にスポーツの歴史について講義が行われた後、体験したスポーツのルールや道具を改良する、全く新しいスポーツを創造するというテーマで討論を行った。	体育社会学
2008 年度	
第1回　「スポーツのルールについて、いろいろ考えてみる」 内容：スポーツのルールについての講義後、室内バレー・室内テニスを行った。その後、よりスポーツを楽しむためのルールについて討論を行った。	体育社会学
第2回　「自分の生きざまを語る／他者の生きざまを聞く」 内容：「学びの体験」をテーマとして、これまでの人生における「学び」の瞬間や日常の中にある「学び」について討論を行った。	社会教育学
第3回　「ことばってなんだろう」 内容：話すために必要な要素について講義後、「話すとき、聞くときに気を付けていること」について討論を行った。	教育哲学
2009 年度	
第1回　「からだを使って考えよう」 内容：地球で暮らす人々の多様性を理解するための体験型ゲームを実施した後、環境問題とその解決策についてダイヤモンドランキングを用いた討論を行った。	教科教育学
第2回　「五感で学ぶわざの世界」 内容：感覚を鍛えることで得られる“わざ”の世界の奥深さについて講義を行った後、感覚を鍛えることについて討論を行った。	教育哲学
第3回　「自分の生きざまを語る／他者の生きざまを聞く　2」 内容：オムニバス形式で数名の受講生が、それぞれにテーマを設定し、講義を行った。講義後に感じ合ったことについて討論を行った。	社会教育学

表3-3　開講された講座について（続き）

各講座の題目と内容	講師の専門領域
2010 年度 第1回　「わたしが生まれたとき」 内容：受講生の「赤ちゃんだった頃」について討論した後、乳児の人形を実際に抱くワークを行い、抱いてみての感想やあやし方について討論を行った。	臨床心理学
第2回　「教育を科学しよう」 内容：受講生自身の「学校に通って役に立ったこと／つまらなかったこと」について討論を行った後、現在学校で行われている授業内容について体験した。	教科教育学
第3回　「自分の生きざまを語る／他者の生きざまを聞く　3」 内容：オムニバス形式で数名の受講生が、それぞれにテーマを設定し、講義を行った。講義後に感じ合ったことについて討論を行った。	社会教育学
2011 年度 第1回　「防災・ひと・絆」 内容：震災の状況や当日の行動について振り返りながら、避難所における役割分担の在り方について討論を行った。	教科教育学
第2・3回　「語りを束ねることで見えてくること－調査をしよう－」 内容：他者の話を聞く時の姿勢について学んだ後、「過去／現在／未来の自分」と「この1年間で学んだことについて」というテーマについて討論を行った。	社会教育学
2012 年度 第1回　「働くことについて」 内容：障害者の就労に関するVTRを視聴した後、働いていて嬉しい・楽しいと感じたことと、職場でのストレス・マネジメントについて討論を行った。	発達障害学
第2回　「性格の新しい見方をまなぶ－ユングのタイプ論より－」 内容：性格特性の捉え方である特性論とタイプ論の違いについてクリッカーを用いて講義を行った後、特性論的見方・タイプ論的見方から性格特性を把握することについて討論を行った。	教育工学
第3回　「学んだことをつたえあう」 内容：受講生の日常に密接に関係している選挙候補者についてインターネットを用いて調べ、まとめた内容についてグループごとに発表を行った。	社会教育学
2013 年度 第1回　「『ちがう』ということを考えよう」 内容：受講生がイメージする「日本」についてグループごとに討論した後、海外の映像作家が作成した「日本」のイメージ映像を視聴し、その違いについて考えた。	比較教育学

表3-3　開講された講座について（続き）

各講座の題目と内容	講師の 専門領域
第2回　「自分の考え方を伝えよう」 内容：まず、伝わる文章を書く方法について解説した後、「自分の好きなもの」を他者に紹介する文章を、受講生同士での討論をふまえながら作成した。	教育心理学
第3回　「ワークショップーかんじる・つながる・りかいするー」 内容：ワークショップという学習方法について講義を行った後、グループごとに創作ダンスを行い、その感想について討論を行った。	社会教育学
2014 年度 第1回　「就職活動の隠れたしくみ」 内容：日本の就職プロセスについて講義を行った後、日本の就職プロセスの良い面と悪い面について討論を行った。	教育社会学
第2回　「『こころ』って、なんだろう？」 内容：ある男性が脳を移植されたという架空の状況について話題提供をしたのち、その男性がどのように生活していくのかについて討論を行った。	臨床心理学
第3回　「スポーツを楽しもう！！」 内容：趣味を持つことの大事さについて講義を行った後、受講生同士でサッカーを行った。その際にコミュニケーションに関わるアドバイスも行われた。	発達障害学
2015 年度 第1回　「つたえる・つたわる」 内容：「5つしか言葉を話せない中で、他者とコミュニケーションをするとしたら、どんな言葉を選ぶか」というテーマで討論を行った。	発達障害学
第2回　「音楽の教育って」 内容：日本における音楽教育の歴史について講義を行った後、音楽、及び音楽教育の意義について討論を行った。	日本教育史
第3回　「お金ってなんだろう」 内容：貨幣が用いられる理由や貨幣の特性について講義を行った後、「カレーを作るために何を買うか」というテーマで経済活動の流れについて、討論を行った。	発達心理学
2016 年度 第1回　「自分の気持ちと仲良くなろう」 内容：人が持つ様々な感情について講義を行った後、「日常生活で抱く感情」、「感情の表現」、「感情表現の結果起きること」の3点について討論を行った。	臨床心理学

上述した講座題目と講座の内容をふまえ、類似した講座内容ごとにまとめたカテゴリー分類の結果を表4に示す。なお、この分類は、永瀬・野崎・李・広木・松﨑・鍋倉・川住（2015）が発表した2006年度から2014年度までの講座内容に関するカテゴリー分類に、2015年度と2016年度で

表3-4　専門分野と講座内容

専門分野	講義回数	具体的な講義タイトル
教育方法学	8回	自分の生きざまを語る／他者の生きざまを聞く からだを使って考えよう 自分の生きざまを語る／他者の生きざまを聞く　2 自分の生きざまを語る／他者の生きざまを聞く　3 語りを束ねることで見えてくること―調査をしよう―3 学んだことをつたえあう ワークショップ―かんじる・つながる・りかいする―
心理学	8回	見るということ 自分ってなんだろう？ わたしが生まれたとき 性格の新しい見方をまなぶ―ユングのタイプ論より― 自分の考え方を伝えよう 『こころ』って、なんだろう？ つたえる・つたわる 自分の気持ちと仲良くなろう
社会学	7回	働くことについて（2006年度） はたらくということ　2 教育を科学しよう 防災・ひと・絆 働くことについて（2012年度） 就職活動の隠れたしくみ お金ってなんだろう
体育学	3回	スポーツについていろいろ考えてみる スポーツのルールについて、いろいろ考えてみる スポーツを楽しもう！！
文化人類学	2回	外国に生きる子どもたち 『ちがう』ということを考えよう
芸術学	3回	五感で学ぶわざの世界 ことばってなんだろう 音楽の教育って

3　2011年度に実施された「語りを束ねることで見えてくること－調査をしよう－」は2回開講されたため、2回分としてカウントしている。

開講された講座を追加して分類したものである。

　第 2 章で述べたように「杜のまなびや」は学習者が「学問に触れる」ことをコンセプトとしている。そのため、表3-4で示された「杜のまなびや」における講座内容に関するカテゴリーは、生活に役立つ知識の習得や、これまでに学習できなかったことの学び直しではなく、教養的な内容の講座になっている。ここでの教養的な内容とは、心理学や社会学等に分類された講義のように、体系化された学問領域（主に人文科学や社会科学領域の学問）について学ぶことや、教育方法学に分類された講義のように、学習の方法や知識獲得の手段（例えば、個人の経験や身体表現から学ぶ等）について学ぶことを指す。

　教養的な講座内容は、「杜のまなびや」のコンセプトであるとともに、ユネスコが示した生涯学習の4つの柱（UNESCO, 1996）のうちの1つである「知ることを学ぶ」にも当てはまるものでもある。「知ることを学ぶ」とは、体系化されている情報を獲得すること、そして知識獲得の手段を習得することであると定義され、人生を豊かにするものであると考えられている。「杜のまなびや」の各講座では、体系化された学問領域に関する情報を獲得することや知識獲得の手段を習得することといった「知ることを学ぶ」ことが可能である。これまでの成人期の知的障害者を対象とした大学以外の支援機関によって行われる生涯学習支援では、行事的な活動（新年会やクリスマス会など）や生活技能に関する活動（調理活動）などが多く実施され、上述したような教養的な内容の学習についてはそれほど多く実施されていない（今枝・菅野，2011）。したがって、知的障害のある学習者がこれらの教養的な内容の講座を通して、「学問に触れ」、「知ることを学ぶ」ことができるということが、「杜のまなびや」の有する意義の1つであると考えられる。

　ここまで、「杜のまなびや」における受講生人数の推移と「杜のまなびや」における講座内容について整理しながら、「杜のまなびや」の実践が有する意義について確認した。その中で、「杜のまなびや」の実践が有する意義として、知的障害者と大学生の「学び」に対するニーズに応えると

いうこと、そして、知的障害のある学習者が「学問に触れ」、「知ること
を学ぶ」ことができるということの2つが見いだされた。次節では、第2
節で述べた「杜のまなびや」に関する研究論文を概観し、知的障害者にお
ける生涯学習の機会の創出という点からその意義について述べる。

第4節　研究内容の概要

　ここでは、まず東北大学大学院教育学研究科教育ネットワークセン
ター年報（現 東北大学大学院教育学研究科先端教育実践センター年報）
において発表された12本の「杜のまなびや」に関する研究論文を整理す
る（表3-5）。

表3-5　研究の概要

著者	研究タイトル・内容
<①「杜のまなびや」の影響を明らかにする研究[4]>	
野崎ら （2010） 学習者	オープンカレッジに継続参加した知的障害者の「学びへのイメージ」について－講座前後に行なわれてきた面接における回答から－ 内容：4年継続参加した学習者1名を対象に、「学び」のイメージがどのように変容したのかについて検討した。その結果、対象者の「学びのイメージ」は、参加した当初において不明確なものであったものの、徐々に「杜のまなびや」との関連した内容に変化していったことが明らかになった。
永瀬ら （2014） 学習者	知的障害者における生涯学習体験が日常生活に与える影響 －知的障害者・大学生共同参加型オープンカレッジにおける学習体験との関連－ 内容：学習者を対象に、「杜のまなびや」での体験が、学習者の日常生活にどのような影響を与えるのかについて検討した。その結果、学習者の「知識と社会への関心」「生活改善への意欲」「価値観」「討論を通して行う学習への動機づけ」「他者の意見を聞いて学ぶ態度」「他者同士の考えの違いに対する理解」「自己と他者の考えの違いに対する理解」に肯定的な影響を与えることが明らかになった。

4　①「杜のまなびや」の影響を明らかにする研究については、著者の下に研究の対象者を記
　載した。

表3-5　研究の概要（続き）

著者	研究タイトル・内容
永瀬ら （2015） 学習者	知的障害者・大学生共同参加型オープンカレッジの取り組みに関する検討－知的障害者の学習習慣、コミュニケーション、講義内容への関心・考え方に焦点を当てて－ 内容：学習者を対象に、普段の学習習慣、コミュニケーション、講義内容に対する関心・考え方が受講後どのように変化するかについて検討した。その結果、学習者は、①自身の興味のある情報について頻繁に得ようとし、考えようとすること、②講義の中で得た知識と自分自身とを関連付けた視点を獲得することが明らかになった。
松崎ら （2013） 共同学習者	知的障害者・大学生共同参加型オープンカレッジにおける参加動機と学びの内容－共同学習者としての大学生に焦点を当てて－ 内容：共同学習者を対象に、受講動機と学びの内容について検討した。その結果、障害についてのまなびや自身の将来や専門に関する学びを得ることが共同学習者の動機づけとして見いだされた。また、学びの内容として受講動機に基づいた学びや平等性への問やインクルージョン教育への意識が挙げられた。
大内ら （2007） 学習者と 共同学習者	知的障害者および学生におけるオープンカレッジの意義－東北大学オープンカレッジ「杜のまなびや」を通して－ 内容：受講生を対象に質問紙調査を実施し、受講生が感じる「杜のまなびや」の意義について検討した。その結果、学習者は、自分の興味関心を広げることや、社会的スキルを獲得するということに意義を見出し、共同学習者は、学習者とのコミュニケーションスキルを獲得するとともに、自身の障害者観が変化することに意義を見出していた。
鈴木ら （2010） 学習者と 共同学習者	オープンカレッジにおける知的障害者の生涯学習支援の取り組み－"学び"に対する受講生の評価－ 内容：受講生を対象に、「杜のまなびや」での学びの評価について、質問紙調査により検討した。その結果、受講生は教養的な内容に難しさを感じていた一方で、講義の進め方に体験や具体性を持たせることや、受講生同士で討論を行うことにより、講義内容の理解が進むことが明らかになった。
杉山ら （2009） 講師	知的障害者と大学生が共に学ぶオープンカレッジの意義－講師をした大学教員の気づきより－ 内容：講師を担当した教員スタッフの気づきについて、学生スタッフとの事前打ち合わせ場面と講座終了後のインタビューにおける発話から検討した。その結果、「杜のまなびや」の意義として、「知的障害者に対する理解の深まり」「専門領域の近接領域に対する知見を得る端緒」「講義の構想を振り返る機会」が挙げられた。

表3-5　研究の概要（続き）

著者	研究タイトル・内容
野崎ら （2011） 講師	知的障害者と大学生が共に学ぶオープンカレッジにおける大学教員講師の意識と講義展開 内容：講師担当の教員スタッフを対象に、「杜のまなびや」に関する意識と当日の講義展開との関連性について検討した。講義内容についての講師の意識が、受講生への対応や、講義での教授方法に反映されていた。また、講師の専門性や受講生を捉える観点の違いが、受講生の間にある共通性・差異性へのアプローチに反映されていた。
野崎ら （2012） スタッフ	知的障害者・大学生共同参加型オープンカレッジにおけるスタッフの学びについて 内容：学生スタッフを経験した者を対象に、学生スタッフ経験から得た学びの内容について検討した。その結果、「杜のまなびや」の活動基盤の形成に携わった初期の学生スタッフは自身の抱く知的障害者観を強める一方、のちに加入したスタッフは新たな知的障害者観を獲得するということが明らかになった。
岡野ら （2010） オブザーバー	オープンカレッジにおける知的障害者の生涯学習支援に関する意義－受講生の家族へのインタビューを通して－ 内容：学習者の家族に対してインタビューを実施し、学習者の家族が感じる「杜のまなびや」の意義について検討した結果、生涯学習の機会や場の保障を挙げていた。また、家族は受講生同士の交流ができる点についても意義を見出していることが明らかになった。

＜②「杜のまなびや」におけるコミュニケーション様相を明らかにする研究＞

著者	研究タイトル・内容
杉山ら （2008）	オープンカレッジにおける知的障害者と大学生との共同学習－話し合い場面における発話率の分析を中心に－ 内容：講義におけるグループ討論に焦点を当て、共同学習の場を活性化する要因について検討した。その結果、話し合うテーマの性質が学習者の発言率に影響を及ぼすこと、学生スタッフの役割分担の違いがグループ内における発言率の違いとして示されること、学習者が相互性のある会話を通して自分について考える機会を持ち得ることが明らかになった。
永瀬ら （2016）	知的障害者・大学生共同参加型オープンカレッジにおける「学び合う」討論の展開－グループ討論における受講者に対するスタッフの働きかけに焦点を当てて－ 内容：講義におけるグループ討論に焦点を当て、討論の司会進行をするスタッフの働きかけについて検討した。その結果、スタッフの働きかけには「進行に関する働きかけ」「受講者の発言に対する反応」「発言間の関連性の指摘」「個別的な働きかけ」等があることが明らかになった。

　これらの「杜のまなびや」に関する研究論文を概観し、その内容ごとにカテゴリー分類を行ったところ、「杜のまなびや」は以下の2つの研究に分けることができた（表3-5参照）。すなわち、①受講生、スタッフ、講師における「杜のまなびや」の意義についての研究（大内ら，2007；杉山ら，2009；鈴木ら，2010；岡野ら，2010；野崎ら，2010；2011；2012；松﨑，2013；永瀬ら，2014；2015）と、②「杜のまなびや」におけるコミュニケーションの様相を明らかにする研究（杉山ら，2008；永瀬ら，2016）である。

　①については、「杜のまなびや」を受講したことによって、学習者における「学び」のイメージや学習意欲等の変化、共同学習者やスタッフにおける障害観の変化などが検討され、学習者と共同学習者が共に学ぶ主体として参加する生涯学習の取り組みの意義が明らかにされている。また、②については、「杜のまなびや」の各講座において行われる討論に特に焦点が当てられ、学習者と共同学習者との相互交渉がどのように行われているのかという点や、討論が円滑に行われるために必要なスタッフの関わりとはどのようなものかという点が明らかにされている。これらは、ともに学び合う生涯学習の取り組みにおける具体的な活動計画の立案や、その際のスタッフの関わり方を考える上で有益な視点を提供すると考えられる。

　知的障害者を対象とした生涯学習の取り組みは散見されるが（菅野，2014；今枝・菅野，2016）、知的障害者が、同じ場において障害の有無にかかわらず共に学ぶ主体として参加するような取り組みは極めて数が少なく、具体的な実施方法が浸透していないことが問題として挙げられる。このような状況のなか、「杜のまなびや」に関する研究を行うことは、知的障害者の支援に携わる様々な機関や団体、さらには社会に対して、障害の有無にかかわらず共に学び合う生涯学習の取り組みの実施を動機づけると考えられる。したがって、「杜のまなびや」に関する研究を行うことは、このような形態で行われる生涯学習の取り組みの意義や実施方法を明確にし、社会において十分に共有されることにより、社会の中で生

涯学習の場におけるインクルーシブ教育の定着に寄与すると考えられる。これらの研究の詳しい内容については第4章、第5章で述べる。

第5節　本章のまとめ

　本章では、「杜のまなびや」の構成員及び運営について概観した後に、10年にわたる「杜のまなびや」の実践の意義について、主に受講生の推移、開講された講座の内容、そして実施した研究の内容に焦点を当てて述べてきた。最後に「杜のまなびや」の有する意義について簡単にまとめる。

　まず、「杜のまなびや」の実践自体には、知的障害者における「大学で学ぶ」ことへのニーズや、大学生における「知的障害者と共に学ぶ」ことへのニーズに応えるという意義、そして、知的障害者において「学問に触れる」、「知ることを学ぶ」ことを保障するという意義の2点があることが示唆された。そして、「杜のまなびや」に関する研究を行うことには、知的障害者と大学生との間の共同学習の実態を明らかにするという学術的な意義のみならず、知的障害の有無にかかわらず、共に学び合う生涯学習を社会の中に位置づけ、生涯学習の場におけるインクルーシブ教育を普及させていくという実践的な意義もあることが示唆された。今後はこれらの意義について確認しながら、「杜のまなびや」の実践をさらに充実させていくことが望まれる。

【引用文献】

　今枝史雄・菅野　敦．（2011）．知的障害者の生涯学習支援における学習活動に関する研究―成人期支援機関への調査の分析から―．東京学芸大学紀要．総合教育科学系，62，305-318．

　今枝史雄・菅野　敦．（2016）．成人期知的障害者の生涯学習支援で取り組まれる学習内容と基礎的学習能力との関連．特殊教育学研究，54，145-155．

　菅野　敦．（2014）．知的障害者のための生涯学習支援．発達障害研究，36，

233-245.

川住隆一．（2007）．知的障害者の生涯学習支援に関する研究―オープンカレッジの試みを通して―．東北大学大学院教育学研究科教育ネットワークセンター年報，7，91-93.

川住隆一．（2008）．知的障害者の生涯学習支援に関する研究―オープンカレッジの試みを通して―．東北大学大学院教育学研究科教育ネットワークセンター年報，8，101-105.

川住隆一．（2009）．知的障害者の生涯学習支援に関する研究―オープンカレッジの試みを通して―．東北大学大学院教育学研究科教育ネットワークセンター年報，9，101-106.

川住隆一．（2015）．生涯学習支援事業報告―東北大学オープンカレッジ「杜のまなびや」―．東北大学大学院教育学研究科教育ネットワークセンター年報，15，113-118.

川住隆一．（2016）．生涯学習支援事業報告―東北大学オープンカレッジ「杜のまなびや」―．東北大学大学院教育学研究科教育ネットワークセンター年報，16，85-90.

松﨑　泰・野崎義和・横田晋務・永瀬　開・南島　開・小野健太・後藤裕典・菅原愛理・平山美穂・川住隆一・田中真理．（2013）．知的障害者・大学生共同参加型オープンカレッジにおける参加動機と学びの内容―共同学習者としての大学生に焦点を当てて―．東北大学大学院教育学研究科教育ネットワークセンター年報，13，1-14.

永瀬　開・李　熙馥・松﨑　泰・広木　純・鍋倉康平・太田　光・鴻野美和子・川住隆一．（2016）．知的障害者・大学生共同参加型オープンカレッジにおける「学び合う」討論の展開―グループ討論における受講生に対するスタッフの働きかけに焦点をあてて―．東北大学大学院教育学研究科教育ネットワークセンター年報，16，29-41.

永瀬　開・李　熙馥・野崎義和・松﨑　泰・小野健太・菅原愛理・広木　純・鍋倉康平・川住隆一．（2015）．知的障害者・大学生共同参加型オープンカレッジの取り組み―知的障害者の学習習慣、コミュニケーション、講義内容への関心・考え方に焦点を当てて―．東北大学大学院教育学研究科教育ネットワークセンター年報，15，65-79.

永瀬　開・野崎義和・李　熙馥・広木　純・松﨑　泰・鍋倉康平・川住隆一．（2015）．知的障害者・大学生共同参加型オープンカレッジの取り組み（1）

　　　―「杜のまなびや」における参加人数の推移と講義内容の内実―．日本特
　　　殊教育学会第53回大会，P1-15．

永瀬　開・野崎義和・横田晋務・松﨑　泰・南島　開・小野健太・菅原愛理・
　　　井澤仁志・関根杏子・富田有紀・平野弘幸・李　熙馥・川住隆一・田中
　　　真理．（2014）．知的障害者における生涯学習体験が日常生活に与える影
　　　響―知的障害者・大学生共同参加型オープンカレッジにおける学習体験
　　　との関連―．東北大学大学院教育学研究科教育ネットワークセンター年
　　　報，14，47-57

野口和人．（2017）．生涯学習支援事業報告―東北大学オープンカレッジ「杜
　　　のまなびや」―．東北大学大学院教育学研究科教育ネットワークセン
　　　ター年報，17，61-63．

野崎義和・滝吉美知香・杉山　章・笹原未来・川住隆一・田中真理．（2010）．
　　　オープンカレッジに継続参加した知的障害者の「学びへのイメージ」に
　　　ついて―講座前後に行なわれてきた面接における回答から―．東北大
　　　学大学院教育学研究科教育ネットワークセンター年報，10，85-96．

野崎義和・滝吉美知香・横田晋務・佐藤健太郎・佐藤真理・飯田明葉・古山
　　　貴仁・川住隆一・田中真理．（2011）．知的障害者と大学生が共に学ぶ
　　　オープンカレッジにおける大学教員講師の意識と講義展開．東北大学
　　　大学院教育学研究科教育ネットワークセンター年報，11，21-34．

野崎義和・滝吉美知香・横田晋務・佐藤真理・佐藤健太郎・永瀬　開・松
　　　﨑　泰・川住隆一・田中真理．（2012）．知的障害者・大学生共同参加型
　　　オープンカレッジにおけるスタッフの学びについて．東北大学大学院
　　　教育学研究科教育ネットワークセンター年報，12，25-36．

岡野　智・鈴木恵太・野崎義和・川住隆一・田中真理．（2010）．オープン
　　　カレッジにおける知的障害者の生涯学習支援に関する意義―受講生の
　　　家族へのインタビューを通して―．東北大学大学院教育学研究科教育
　　　ネットワークセンター年報，10，27-36．

大内将基・杉山　章・廣澤満之・鈴木恵太・北　洋輔・田中真理・川住隆一．
　　　（2007）．知的障害者および学生におけるオープンカレッジの意義―東
　　　北大学オープンカレッジ「杜のまなびや」を通して―．東北大学大学院
　　　教育学研究科教育ネットワークセンター年報，7，13-22．

杉山　章・鈴木恵太・滝吉美知香・笹原未来・野崎義和・横田晋務・岡野　智・
　　　新谷千尋・新村享子・川住隆一．（2009）．知的障害者と大学生が共に学

ぶオープンカレッジの意義―講師をした大学教員の気づきより―．東
　北大学大学院教育学研究科教育ネットワークセンター年報，9，21-32．

杉山　章・滝吉美知香・野崎義和・鈴木恵太・北　洋輔・田中真理・川住隆
　一．(2008)．オープンカレッジにおける知的障害者と大学生との共同学
　習―話し合い場面における発話率の分析を中心に―．東北大学大学院
　教育学研究科教育ネットワークセンター年報，8，13-24．

鈴木恵太・杉山　章・野崎義和・滝吉美知香・岡野　智・横田晋務・鈴木　徹・
　斎藤維斗・新村享子・新谷千尋・川住隆一・田中真理．(2010)．オープ
　ンカレッジにおける知的障害者の生涯学習支援の取り組み―"学び"に
　対する受講生の評価―．東北大学大学院教育学研究科教育ネットワー
　クセンター年報，10，15-25．

田中真理．(2010)．知的障害者の生涯学習支援に関する研究―オープンカ
　レッジの試みを通して―．東北大学大学院教育学研究科教育ネット
　ワークセンター年報，10，123-128．

田中真理．(2011)．生涯学習支援事業報告―東北大学オープンカレッジ「杜
　のまなびや」―．東北大学大学院教育学研究科教育ネットワークセン
　ター年報，11，89-92．

田中真理．(2012)．生涯学習支援事業報告―東北大学オープンカレッジ「杜
　のまなびや」―．東北大学大学院教育学研究科教育ネットワークセン
　ター年報，12，111-114．

田中真理．(2013)．生涯学習支援事業報告―東北大学オープンカレッジ「杜
　のまなびや」―．東北大学大学院教育学研究科教育ネットワークセン
　ター年報，13，107-112．

田中真理．(2014)．生涯学習支援事業報告―東北大学オープンカレッジ「杜
　のまなびや」―．東北大学大学院教育学研究科教育ネットワークセン
　ター年報，14，105-110．

UNESCO. (1996). Learning: The treasure within; Report to UNESCO of the
　International Commission. Stationery Office Books. 天城　勲．(1997)．
　学習・秘められた宝―ユネスコ「21世紀教育国際委員会」報告書．ぎょ
　うせい．

第4章　学び合いを促進するための学生スタッフの役割

　「杜のまなびや」の大きな特徴のひとつは、誰かが誰かから学ぶという一方向の学びではなく、講座を構成する人たちがお互いに学び合うことをねらいとしているところにある。第3章で詳しく述べられている「杜のまなびや」の構成員のうち、この学び合いの対象となるのは、知的障害者である学習者、および、大学生・大学院生である共同学習者によって構成される受講生と、講師としての大学教員である。ここで想定しているのは、受講生と講師との間、および、学習者と共同学習者との間の学び合いである。そして、それぞれの学び合いを促進するために、スタッフの存在がある（図4-1）。本章では、それぞれの学び合いを促進するためのスタッフの工夫に焦点を当てる。なお、学習者、共同学習者、講師それぞれの学びの内容については第5章、第6章、第7章にて取り上げる。

図4-1　「杜のまなびや」における学び合いの構図

　本章ではまず、第1節において、受講生と講師との間の学び合いを促進するための工夫に着目する。受講生と講師をつなぐためには、受講生の状態や表現を講師に適切に伝え、講師の専門性や知識をわかりやすく受講生に伝えることが必要となる。その役割を担うのが、コーディネーターとしての講師担当スタッフである。講師担当スタッフはさらに、把

握した講師の専門性や希望をスタッフ全員に伝え、共通理解を図る役割
も担う。そうすることで、各受講生へのよりよい伝達の方法や仕組みを
考慮することが可能となる。講師担当スタッフが、いつ、誰に、どんな
形で何を伝えることによって、双方の学び合いを促進するコーディネー
ターとして機能するのかを考える。

　第2節では、受講生どうし、特に学習者と共同学習者との間の学び合
いを促進するためのスタッフの工夫について考える。受講生どうしをつ
なぐ役割として注目されるのは、講座当日に行われる討論場面において、
学習者と共同学習者との間のコミュニケーションを促し円滑にしながら
場を進める役割を担う討論司会者としてのスタッフの存在である。討論
司会者が、学習者と共同学習者それぞれの特性や状態をどのように理解
したうえで、どのような配慮や発言を行うことが、討論を活性化し相互
の学び合いを深めることにつながるのか、実際の場面を振り返ることを
通して明らかにする。

第1節　講師と受講生をつなぐコーディネーターとしての役割

　「杜のまなびや」では、講師1名に対し1〜2名の担当スタッフが、講師
決定後から講座終了までの数カ月間、必要に応じて話し合いを重ね、講
座の構成や事前準備の補助を行う。担当スタッフは、講師の意向を最大
限に汲むことを基本方針としながら、講座中の教材の提示方法や配布資
料などについて、学習者の障害特性に対する配慮事項を伝達したり、講
師から求められた受講生についての事前情報の提供などを行ったりす
る中で、講師とともに講座の進行形態や内容について構成していく。事
前の話し合いで担当スタッフが心がけるポイントは、以下の3つである。
すなわち、1. 知的障害者を受講生に含むことについて抱かれる講師の不
安に対処すること、2. 講師のニーズに応じて受講生の情報を収集し伝え
ること、3. 講師の専門性につながる講師自身の学びを意識化することで
ある。

　以下では、上記のポイントごとに、担当スタッフに必要なコーディネーターとしての役割について考える。なお、下記の各講師の発言やスタッフの対応は、当時の講師担当スタッフが記録した内容からの引用である。

1.　知的障害者を受講生に含むことについて抱かれる講師の不安に対処すること

　大学教員である講師には、講座・講演の経験が蓄積されているが、知的障害者を対象とした講座についてはほとんどが未体験である場合が多い。講師自身にとって初めてとなる取り組みに対して感じる不安や心配は、主に講座の構成について担当スタッフと打ち合わせを行う最中に、例えば以下のような言葉で語られた。

　　講師A-1　「（学習者の）共通の前提が何かはっきりわからないのが気がかり」「話し方をわざとらしくゆっくりってのも、どうなんですかね」

　　講師B-1　「障害特性自体が不安なのではなくて、その情報がないことが不安」「自分が学習者に対して何ができるかが不安」「普段、乳幼児とかかわることが多いので、知的障害のある成人の方については、よくわかっていないかもしれない」「どんなことに興味を持って、どんなことを楽しいと感じていらした方たちかなっていうことが一番知りたいことだし、そういう部分に何か触れることのできるテーマになればいいなということなんですけど、その部分が分からない」

　　講師C-1　「学習者から共同学習者への適切な働きかけを引き出せるかという不安。あなたたち（共同学習者）はこういうけど、本当はそんな甘いものじゃないんだよ社会は、というところをうまく引き出せるか、というところを考えたい」

上述のような言葉で講師が抱く不安が語られた際、コーディネーターとしての担当スタッフは、どのような情報や準備があれば講師の不安が和らぐのかを直接講師に尋ねる。講師が必要とする情報や準備が、スタッフ側に経験として蓄積された内容であったり、事前に収集済みの情報であったりした場合には、それらを提供する。もしその情報の収集や準備に、更なる実施や工夫が必要とされる場合には、スタッフ全体で業務を振り分け担当する。

　これまで、講座前にスタッフ全体で情報収集や準備の対応をした例として、例えば、「○○（講師の専門分野に関する用語やキーワード）について、どんなことに興味がありますか？／○○は、どんなイメージですか？」などのようなアンケートを受講生に対し事前に実施したことや、講座内で受講生を代表して自分のことを発表する役割について予め受講生一人ひとりの希望の有無を確認したりしたことなどがある。

　講師担当スタッフは、講師の不安な状態や、それに対してどのような対処が考えられるか、また講座準備の進捗状況などについて、定期的な全体ミーティングにおいて報告を行う。また、少なくとも1度は講師にも全体ミーティングへの出席を依頼し、当日講座内でのグループ討論において司会を担当するスタッフの紹介や、そのほか運営を支えるスタッフとの顔合わせを行う。講師が全体ミーティングに出席することは、これまで担当スタッフと積み重ねてきた内容がスタッフ全体に届いていることを講師自身が確認し、全体で講座をサポートしていることを講師に実感してもらえることから、講師の不安を軽減する一助となると考えられた。このことは、下記のような発言からうかがわれた（C-2）。

　　講師 C-2　「（講座後に振り返ってみると、）授業を作る上で、自分の講義のコンセプトが果たして『杜のまなびや』のコンセプトに合っているのか、不安だった。講師担当スタッフからいろいろ話は聞いていたが、（当日動く）他のスタッフはどう考えているのかも知りたかった。…（中略）…スタッフ会議に出席して、たくさんの

人から多角的なアドバイスをもらいそれを講義に反映させたので少
し不安はなくなった」

　また、上述講師B-1のような発言にみられた不安に対しては、事前に
どのような情報や準備があれば講師の不安が和らぐのかを全体ミーティ
ングで検討した。この講師は「わたしが生まれたとき」というテーマで、
受講生が自分自身の乳児期を振り返ることをとおして親の気持ちを学ぶ
内容の講座を展開することを構想していた。そのため、学習者にとって
は自分の乳児期を回想するために視覚的な手掛かりを用いることが有効
なのではないかという点から、スタッフが事前に受講生に自分自身の乳
児期の写真を用意するよう呼びかけた。また、希望がある場合にはその
写真を用いて当日の資料を作成し受講生全体に提示することなどを検討
した。そのような対応を検討していく事前準備の過程において、B-1の
発言をした講師は、打ち合わせ中、自分自身の不安な状態について以下
のように語った（B-2）。

　　講師 B-2 「たぶん、一番最初のときは、本当に（学習者のことを）
　　分からなかったので、何もかも自分ができるかどうか分からないっ
　　てことを繰り返して言ってたと思うんです。…（中略）…今は、何
　　て言うんでしょう、写真を見せていただいたのはとても大きかった
　　んですけども。『あっ、こういう方たちが来てくれるんだ』ってい
　　うことが、少し実像として分かったので。その方たちの、やっぱり情
　　報ですかね。…（中略）…『どういう人とお会いするのかな』って
　　いうところが分かったことが安心にもなったし、『あれ？分かると
　　思ってたんだけど』っていうところもありました」

　上記では、講座に臨む講師の不安を完全には払拭できていないものの、
事前の情報提供や準備の工夫によって、ある程度の安心感を与えられた
ことがうかがわれる。講師として講座に臨む際、特にそれが受講生との

相互作用によって進行する度合いが大きい場合には、講師側にも先の読めない不安というのは少なからず存在すると思われる。しかし、受講生に知的障害のある者も含まれるという「杜のまなびや」特有の状況に対して抱かれる講師側の不安は最大限取り除かれるよう、スタッフによって試みが行われる必要があるだろう。ある講師は、講座の際に感じる不安について、事前の打ち合わせの際、以下のように語っていた（C-3）。

　　講師 C-3　「知的障害の方だけではなくて…相手のニーズだとかそういうのがあって、授業をきっちり作るものですから、それが難しいというか…毎回不安ですね。自分の研究していることって、それが本当に役に立つものなのか、単なる学問のための学問なのかっていうのが、こういうときに面白かったとか…（略）…ためになったとか、そういう風に思ってもらわないとだめでしょ。だから、講義内容を作成するときは、いつも不安です」

　上記の発言は、「杜のまなびや」で講師を担当することをとおして、知的障害者を対象に含むことそのものにではなく、講師自身の専門分野を他者にわかりやすく伝えようとするときに不安は常に存在することへの気づきが促されたことを意味している。講師がその不安と向き合う中で講座を構成していくことこそが、学問と生活とを結び付け世の中に発信していくわかりやすい講座につながることを示唆しているといえよう。

2．講師のニーズに応じて受講生の情報を収集し伝えること

　担当スタッフからの情報提供は、基本的には講師からの自発的な質問や依頼に応じて行われることが望ましい。基本的に講師の自発性を尊重する理由は、講師も受講生から「学ぶ」立場にあると位置づけるためである。以下、実際に行われた、講師のニーズに応じた情報提供の例を挙げながら記す。

講師 C-4　講師「（講座時間は）2 時間ですけど、1 時間と考えたほうがいいですよね？いや、1 時間弱のものを 1 時間 30 分でやって 30 分振り返っていく形ですか？」担当スタッフ「先生のお好きなように配分いただいて大丈夫です。これまでの講義ですと…（以前開講された講座の時間配分例を伝える）」講師「失礼なんですが、学力としてはどのくらいを想定すればいいですか？…（中略）…例えば、社会の問題をパワーポイントで映してディスカッションしたら、進んでいく？」担当スタッフ「テーマが身近なものであれば可能だと思います」講師「（環境、福祉、国際分野での例をあげて）どれが一番近いですかね…（中略）わからないんですよね、皆さんの興味あるところが」

　上記のやりとりでは、講師の講座時間の配分に関する発言の裏に、学習者の知的レベルを知りたいと思っていること、学習者が興味を持っている分野を知りたいと思っていることがうかがわれた。講師はそれぞれこれまでの人生経験の中で、障害のある人々とのかかわり体験を何かしら有していると思われるが、どのような障害種であったり関係性であったりしたのかは様々である。講師が障害に対してどのようなイメージを有し、理解しているのかは、自発的な質問にこそ反映されると考える。そこで、自発的な質問に反映された講師の障害イメージや障害理解の中に、講座を行うにあたり解決しておいたほうがいい不安や誤解がある場合には、スタッフ側からの情報提供や方法の提案などを行う。もし、障害についてや障害者とのかかわりについて、一義的で定型化された情報提供や提案を、スタッフ側から積極的に、講師の質問を待たずに行ってしまう場合には、講師が学習者の多様性を実感し学ぶ機会を損ねてしまう恐れがあるだろう。

　このような担当スタッフ側の調整は、特別支援教育コーディネーターにおける内的調整（田中・小牧・滝吉・渡邉, 2011）と共通する。田中ら（2011）によると、特別支援教育コーディネーターは、支援対象者が主体

的に行動できるようコーディネーター自身の思いや立場を秘め身を引く「抑制する力」と、重要な観点を指示ではなく提案するように誘いかけながら方向づける「柔軟性のある意思表示」によって構成される内的調整を、対象や状況に応じて切り替えながら行っている。講師担当スタッフについても、講師の自発的な質問を待つという点で「抑制する力」がはたらき、質問に対して答えを限定的にせず思索の幅のある提案を行うという点で「柔軟性のある意思表示」を行っているといえるだろう。

3．講師の専門性につながる講師自身の学びを意識化すること

　学習者と共同学習者がともに講座を受講することは、講師にとって未体験の挑戦となると同時に、そこで生じた不安や疑問の解決や講座の工夫を通して、講師にとっての学びが生まれる可能性も有している。それらの学びは、決してスタッフ側が与えることのできるものではないが、講師自身の学びに気づいてもらい、意識化してもらうところに、スタッフとしての役割のひとつがあるように思う。以下は、講座実施後に、講師が講座の内容や体験を振り返り担当スタッフへ向けて語った内容である。

　　　講師 B-3　「赤ちゃんこんなに可愛いよねってやった時に、自分の子どもが欲しくなるっていうのは、普通のあの年代の方達であればいいんだと思うし、そういう事を感じて頂けるんだったら、すごくいい授業をしたことになるのかもしれない。でも、やっぱりそこの難しさがぎりぎりのところである中で、あの授業をやったのは、実は割とリスキーな所でもあるわけです。一方で、本当に大変なんだけれどもそういう中でも子どもを育ててる人達は世の中に確かにいて…（中略）…ということを改めて、ちょっと引いて、感じました。それから、いわゆる知的なものは問題ない、普通の結婚、子育てをしましたという中に、山ほど子育てに困難を感じている人達や、子どもに向けて色々な不適切な養育をしている人達もいます…（中略）…そういう人達にも同じように、丁寧に何とかかんとか一つ一つ解

きほぐそうとしてやっているんだけども、こちらも上手くいきません…（中略）…世の中の難しさを改めて感じます。なのでちょっと研究にとは行かないけれども、もう少し複層的な目で、もう一度子育てというのを考えてみたいな、と思いました」

講師 D-1 「授業をやるときに、ここ（講座内）だけで響く言葉ではなくて、より（社会に対する）発信力をもつ、ということを念頭に置いていたんですけど、あんまりそういうことを考えなくていいんだ、と思いました。つまり、最後に共同学習とは、ということで少しまとめ的なこと話したんですが、そこにいる人以外の人たちに通用していく学びっていうのを我々は一般的に考えがちだけど、ここにいる人たちだけでいいじゃないか、ここにいる人たちだけできちんとお互いをリスペクトし合う、そういう関係を作っていく学習ということで、閉じて十分意味がある、と思いました。…（中略）…僕はどちらかというと健常者が集まっているところばかりの共同学習ばかり見てきたけど、こないだの授業はそれとはまた次元の異なる共同学習が成り立っていたと感じます」

　上述のような講師自身の学びは、講師の専門性とリンクし、学問の領域から今後の共生社会を形作るための一歩となることが期待される。そのような講師自身の気づきや学びを意識化するため、担当スタッフは講師に対して、「今回の講座を担当したことによる体験は、先生ご自身の研究や専門性とどのように関係付けられますか？」などのような質問によって、その内容を引き出していくことが求められる。吉永・西村（2010）は、コーディネーション行動の対象となるもの、つまり、つなげられるべきものは、現実世界を認識するためのものの見方としての「視点」であると述べている。講座を担当する講師の教育目標が損なわれないように行う検討のためには、なぜこのような教育目標が設定されているか、その背景にある講師の視点を明らかにする必要がある。担当ス

タッフは、その視点を理解し、スタッフ全体とも共有する。さらに、講座を受ける受講生側、特に講師が普段対象とすることのない学習者側の視点に基づいた状況理解の仕方や情報の受け止め方などについても理解する。この点については、「杜のまなびや」スタッフ全体がそれぞれの講師担当スタッフとして、このようなコーディネーション行動をしていたため、その視点の共有や尊重が非常にスムーズであったといえよう。そのうえで、講師の視点と受講生側の視点それぞれを、お互いに伝え合い、理解し、尊重し合うための橋渡し的な存在となることが、担当スタッフとして期待される。このことこそが、受講生と講師との間の学び合いを促進することにつながるといえるだろう。

第2節　学習者と共同学習者をつなぐ討論司会者としての役割

　近年、学校教育現場では、平成29年、30年における学習指導要領の改訂にみられるように、学び方の方法として、主体的・対話的で深い学び（アクティブラーニング）に焦点が当てられ、自分が得た知識・技能を“使って”主体的に学ぶことが掲げられている（文部科学省, 2017）。このような主体的な学びは、ある問いについて、自身と他者の視点の違いに直面し、考えを吟味・検討する対話を通して行われ、問題に対する新たな見方や考え方を創出する際に有用であるとされている（尾之上・丸野, 2012；松尾・丸野, 2008）。このような対話的・主体的な学習は学校教育のみならず、生涯学習の場においても注目されている。生涯学習については、中央教育審議会答申「新しい時代を切り拓く生涯学習の振興方策について」の中で、今後の社会が要請する「総合的な知」を育むための力として、「知識や技能のみならず、自ら課題を解決する力、および他者との関係を築く力」を挙げている（中央教育審議会, 2008）。このように、主体的・対話的な学びは、今後、学校教育のみならず、生涯学習を考える上で非常に重要な視点であるといえる。
　本節では、「杜のまなびや」における、主体的・対話的学び合いの場

としての討論について焦点を当てる。第3章で紹介されたように、「杜のまなびや」の各講座は、①専門領域における様々な研究知見と関連付けた内容の知識伝達のための講義、②その内容に関するグループ討論、③討論内容についてグループごとの全体発表を行い、④講師が発表内容を総括するという流れから成り立っている。この中で②討論では、講師から講義内容に関わるテーマが与えられ、スタッフを司会者としてグループごとに学習者と共同学習者が自由に意見を交し合うことで学び合いを促進することを目的としている。以下では、まず討論の場における意義や目的について述べた後、学び合いを促進させるための司会者としてのスタッフの役割について概観し、司会者に求められる資質について検討する。

1. 学び合いとしての討論場面の意味

　「杜のまなびや」における討論は、特に学習者と共同学習者の学び合いを促進させるための方法の1つである。上述のように、討論を行うためには、知識・技能を習得することはもちろんのことであるが、特に、受講生が理解したことを使って意見を表明し合い、議論するため、思考力・判断力・表現力が必要とされる。ローマン（1983）は、討論がもたらす効果として、他者との討論を通して自分の考えや価値観を客観化、相対化することができ、(1) 内容についてよく考えるようになる、(2) 学ぶ過程、即ち「考えること」を教えるのに役立つ、(3) 自分自身の態度や価値観を明確にするために役立つ、(4) 学生の参加を促進する、(5) 学生同士の親密さや自律性、動機付けなどを育成することが可能になることを指摘した。

　また、豊かな討論に必要な要素として、吉川・椙山（2017）は、小学校の歴史授業における討論場面の分析から、提示された資料、生活経験、学習経験の3つを挙げている。提示された資料は受講生において一定であるため、自身の考えや価値観を客観化、相対化するためには、生活経験や学習経験の多様性が非常に重要になる。これらの点について、学校

教育の場合、クラス内での討論では、メンバーは同年齢であり、生活経験や学習経験が似通ることが必然的に多くなるため、自分の考えの枠を広げるような、全く異なった視点を持つ対象が少ないと考えられる。しかし、「杜のまなびや」では、学習者と共同学習者は次の点で異なっている。生活経験について、学習者は主に共同学習者よりも年長者の社会人であり、共同学習者とは異なった生活を送っている。また、多くは特別支援学級や特別支援学校に通っていたため、学習経験にも差異が生じている。このような差異のある受講生が、提示された資料という共通の情報をもとに1つのテーマについて討論を行うことにより、他者の考えや意見を取り入れつつ、自身の考えをより発展させるような学習効果が得られるだろう。

　上述のような特徴的な討論の場の持つ意味を十分に発揮させるためには、討論の内容や方向性、目的をコントロールする司会者の役割が非常に重要である。司会者が、討論のテーマに対してどのようなトピックを取り上げ、誰の発言を促し、どのように場を動かすのかによって、討論の内容は変わっていく。以下では、実際の討論の場を例に挙げながら、学び合いを促すための司会者の役割について触れる。

2．学び合いを促す討論司会者の役割とは

　「杜のまなびや」の学習者の中には、積極的に自身の意見を発すること、他者の意見に対して注意を向けること、自発的に自身の意見と他者の意見の相違を考えること、抽象的な内容を理解することなどについて、様々な困難さを有する者が参加している。このような、多様な特性を有する学習者が、討論に参加するために、司会者を担うスタッフは、その司会進行において適切な働きかけを行うことが重要となる。

　永瀬・李・松﨑・広木・鍋倉・太田・鴻野・川住（2016）は、「杜のまなびや」の討論場面における司会者の発言について分析を行い、司会者を担うスタッフの働きかけについて検討した。分析対象となった講座は、2014年度第1回「就職活動の隠れた仕組み」および、第2回「『こころ』っ

てなんだろう？」であった。

　第1回の講座では、就職している受講生については自身の就職までのプロセスを振り返ること、就職をしていない受講生については、将来の就職までのプロセスを考えることを通して、就職までのプロセスが学術的にどのように位置付くのかを考えることを目的とした。講義では、就職のプロセスとして、「人的資本」「社会ネットワーク」「制度的連結」の3つの位置付けについて講師による説明を行った。討論では、日本における就職活動の問題点を自身の経験も踏まえて考えることをテーマとした。

　第2回の講座では、「脳を移植する」という思考実験を通して、心と体の理解や関心を深めることを目的とした。さらに、思考実験の過程においては、正解が1つに定まらない問題について、他者と討論を通して考える経験から、自身の考えが変容していくプロセスに気づくことも目的とした。講義では、「交通事故の後、電機メーカー勤務の男性Aの体に出版社勤務の女性Bの脳が移植された結果、1名が救命され、1名が死亡した」という思考実験の話題が提供された。その後、「そもそも助かったのは誰なのか」という問いから、「救命された人物の過去の記憶（名前や出身地）は男性Aのものか、女性Bのものか」「救命された人物が健康を取り戻した後、どのように生きていくのか」というテーマのもと、「復帰する職場はどこか？」「トイレや更衣室は男性用、女性用のどちらを使えば良いのか」といった、どのように社会生活を送るべきかという点について討論を行った。

　このような討論場面における司会者の発言をカテゴリー分類した結果、以下の4つの働きかけが見出された。すなわち、(1) 進行に関する働きかけ、(2) 受講生の発言に対する反応、(3) 関連性の指摘、(4) 討論の場に参加させるための働きかけ、である。以下では、これらの働きかけについて詳述する。

（1）進行に関する働きかけ（表4-1）

　この働きかけは、討論の場を進行させるために行われるものであり、討論場面全体を通してみられる。進行に関する働きかけは、「1-1 話題の提示」、「1-2 意見の聴取」、「1-3 発言の促し」、「1-4 発言ルールの提示」、「1-5 意見のまとめ」、といった討論のテーマに対して受講生の発言を引き出すための働きかけと、「1-6 スケジュールの確認」、「1-7 発表方法の確認」、「1-8 発表者の決定」といった討論後の全体共有に向けた講座全体のスケジュール管理に関する働きかけに分けられる。

　進行に関する働きかけは、討論を行う上で必須である討論の枠組みを設定するために行われたと考えられる。「杜のまなびや」の討論では、講師から討論のテーマのみが与えられ、討論をどのように構成し、進めるのかという点については、司会者であるスタッフに委ねられる。そのため、司会者は、まず討論で話し合うべき「1-1 話題の提示」をし、受講生の「1-2 意見の聴取」を行う。この際に、発言に戸惑う受講生がいる場合には「1-3 発言の促し」や、発言に対する負担感を軽減するため、時計回りに意見を発表するといった「1-4 発言ルールを提示」する働きかけにより討論の場を進行していく。また、討論の内容に学習者が取り残されないよう、発言者の内容をまとめて全体にフィードバックするような「1-5 意見のまとめ」を行う。これらの働きかけにより、受講生は、見通しを持って自分の発言をしっかりと準備することができ、スムーズな意見交換が可能になると考えられる。

　このような討論の枠組みを設定するための具体的な発言として、「最初に就職に関して何でも思ったこと、感じたことを話してください（1-1 話題の提示）」や「みなさん、話し合ってみたいことはありますか？（1-2 意見の聴取）」といった働きかけが挙げられる。

　「1-6 スケジュールの確認」、「1-7 発表方法の確認」や「1-8 発表者の決定」は、全体共有が討論の後に行われるために生じた働きかけである。発表者は司会者ではなく、各グループの代表となった受講生が務めるため、討論中に誰がどのように発表するのかをある程度決める必要がある

ことからこれらの働きかけが生じたと考えられる。これらの働きかけの具体例としては、「いっぱい面白い意見が出たので、そろそろ発表者を決めましょう」といった発表者を募る発言や、「ここまでの話のなかで誰がどこを発表する？」といった発表の仕方をある程度提示して分担させることを促す発言などが挙げられる。

表4-1　進行に関する働きかけ

受講生の発言を引き出すための働きかけ	
1-1 話題の提示	話し合うべきテーマを提示する
1-2 意見の聴取	受講生全員に質問をおこなう
1-3 発言の促し	言い残しの有無や他の受講生からの意見を尋ねる
1-4 発言ルールの提示	発言者の順番などルールを提示する
1-5 意見のまとめ	受講生の発言内容をまとめて伝える
スケジュール管理に関する働きかけ	
1-6 スケジュールの確認	討論の順番や今後のスケジュールを示す
1-7 発表方法の確認	発表内容やどのように発表するのかについて確認する
1-8 発表者の決定	全体発表を行う受講生を決める

(2) 受講生の発言に対する反応 (表4-2)

　このカテゴリーに当てはまる働きかけは、「2-1 発言内容の反復」、「2-2 発言内容の確認」、「2-3 発言内容の明確化」、「2-4 掘り下げ」、「2-5 言い換え」といった受講生の発言内容を正確に他の受講生に伝えることを意図した働きかけや、「2-6 相槌」「2-7 質問への回答」「2-8 代弁」「2-9 共感」といった受講生の討論への安心感を担保するための働きかけ、「2-10 知識状態の確認」「2-11 発言の仕方の提案」「2-12 例示」といった受講生における討論内容の理解度を高めるための働きかけに分けられる。

　受講生の発言内容を正確に伝えることを意図した働きかけは、特に学習者の障害特性に起因して行われたと考えられる。知的障害のある学習者は、自身の思考を意見として適切にまとめること、他者に伝わりやすいように自身の発言内容を構成することに困難さを有する。このような学習者に対し、司会者は、学習者の「2-2 発言内容の確認」をすること

で学習者の意見が、自身の伝えたい内容を表すように発言を補足したり、「2-3 発言内容の明確化」や、「2-4 掘り下げ」によって意見を促す質問をすることなどを働きかけとして行ったと考えられる。以下では、司会者の明確化によって、学習者の考えが整理されていくやりとりの例を示す。この場面では、出版社に勤務する女性から脳移植を受けた男性が初めて出勤する際には、どこに行くだろうかという点について議論をしている。議論のポイントは、記憶や心はどこに宿るのかという命題を考えることである。

　　（第2回目の講座で脳移植を受けた男性が、男性の勤務先である電機メーカーと女性の勤務先である出版社のどちらに出勤するのかという話題で）学習者（以下、学）「最初は、体は男性なんで電機メーカーに行きます」司会者＜朝起きたら電機メーカーに出勤する？＞学「うん。出勤して、でも頭の脳はそのー、出版社なので、間違えて書類書いてるっていう」司会者＜体はメーカーに行くけど、足が勝手に行っちゃう感じ？＞学「そうそう。でもパソコンつけたら『あ、書類書かなきゃ』って感じ」司会者＜じゃあ、どっちかに完全になってしまうのではなく、両方の習慣が残ってるんだね＞学「そうそうそう！」…

　上記のやり取りで、学習者は体にも脳にも記憶が残るという趣旨の意見を発言しようとしているが、初めは「体は男性なんで…」とやや不完全な意見を述べている。この意見に対して、司会者は、＜電機メーカーに出勤する？＞と反復による確認を行い、その後、＜〜って感じ？＞という形式で複数回の質問をしながら学習者の意見を掘り下げ、明確化していく。司会者からの質問に対し、学習者は「そうそうそう！」と強く同意していることからも、司会者による明確化の働きかけにより、自身の意見を正確に表現することができるようになったと考えられる。
　次に、受講生の討論への安心感を担保する働きかけについて、受講生

が討論に積極的に参加し、自分の意見を発言するためには、受講生自身がグループに受け入れられていること、自身の意見を否定される恐れがないことが重要である。このような安心感を担保するためには、自身の発言に対する周囲の反応が明確にあることが1つの要素として考えられる。このような点から、相槌や受講生からの質問に対する回答を丁寧に行うことが重要である。さらに、受講生の発言に対する反応という働きかけだけでなく、受講生の気持ちに焦点を当てた働きかけも有効である。グループ内で自身の意見を表明することを得意としない受講生が発言を促された際に、＜ちょっと悩む？＞と司会者が気持ちの代弁をする働きかけを行うことにより、発言に対する負担を軽減することができると考えられる。以下では、司会者による気持ちの代弁により、別の受講生の共感的な発言が促された例を示す。

　　（第1回目の講座で、日本の就職活動の悪い点を話し合う場面）学A
　　「僕のところは、高卒以上っていう（昇進試験の受験制限）があって、
　　そういうのは無くして欲しい。高校に行ってようが行ってなかろう
　　が結果として頑張ってるから、（試験には）受からないかもしれない
　　けど」司会者＜今は学歴がないと試験が受けられないところがある
　　…そっかー、試験くらいは受けたいよね？」学A「そう！受けたい」
　　（中略）学B「そうだよねー。受けたいよね。私も、仕事を探すとき
　　学歴が重視される。職員さんからどこの大学出てらっしゃるんです
　　かーって聞かれる」…

　上記の例では、司会者が、学習者Aの発言を受けて、言語化されていない気持ち（受からなくても試験くらいは受けたい）を代弁することにより、学習者Bが共感する発言をし、自身の体験を語ることにつながった。このように、気持ちに焦点化する発言を行うことにより、安心感を担保するとともに、同じ気持ちを抱いている受講生の発言を促すことにもつながると考えられる。特に、反復や確認、明確化といった発言や、気持

ちの代弁については、インリアル・アプローチ（竹田・里見, 1994）における言語心理学的技法の「エキスパンション」や「パラレルトーク」にも通じる関わりであり、言語的な反応を促す上で有効な手段であると考えられる。

　受講生の発言内容を正確に他の受講生に伝えることを意図した働きかけや、受講生の討論への安心感を担保するための働きかけについては、学習者、共同学習者を問わずに働きかけがなされていたが、受講生における討論内容の理解度を高める働きかけについては、主に学習者に向けてなされている。これらの働きかけは、討論の流れやテーマに学習者がついていくことが難しい様子が見られた場合に行われる。討論のテーマが専門的過ぎたり、イメージしにくい抽象的なものであった場合、このような働きかけが有効であると考えられる。特に、「脳を移植する」という思考実験では、移植された人がどのような社会生活を送ることができるのかということをイメージして討論することが必要とされるため、このような理解度を高める働きかけが多く見られた。例えば、脳と心の乖離についてイメージができていない学習者に対し、＜実際の人に置き換えて考えてみたら分かりやすいかも知れない（2-11発言の仕方の提案）＞と発言したり、なかなか自分の意見がまとまらない学習者に対して＜例えば、脳はAさん（女性の受講生）だけど、体はBさん（男性の受講生）っていう人が私の隣で普通に着替えていたらどうする？（2-12例示）＞という発言が挙げられる。

表4-2　受講生の発言に対する反応

発言内容を正確に他の受講生に伝えることを意図した働きかけ	
2-1 発言内容の反復	発言内容を繰り返す
2-2 発言内容の確認	発言内容について事実などを具体的に質問する
2-3 発言内容の明確化	不明瞭な発言内容である場合に、整理を求める
2-4 掘り下げ	言及されていない思考・意図を引き出すための質問をする
2-5 言い換え	発言内容をより伝わりやすいよう言い換える
2-6 相槌	発言に対して相槌のみを行う
2-7 質問への回答	討論テーマとは直接関係ない受講生からの質問へ回答する
討論への安心感を担保するための働きかけ	
2-8 気持ちの代弁	述べられていない気持ちを推測して伝える
2-9 共感	発言に含まれた感情と同じ気持ちであることを示す
討論内容の理解度を高めるための働きかけ	
2-10 知識状態の確認	討論テーマに関する受講生の知識を問う
2-11 発言の仕方の提案	グループ討論や思考を助けるための具体的な方法を述べる
2-12 例示	身近な例を出して説明する

(3) 関連性の指摘 (表4-3)

　この働きかけは、受講生から出された意見をその他の意見や講義内容と関連付けるために行われる。このカテゴリーに当てはまる働きかけは、「3-1他者の意見との共通点・差異点の指摘」、「3-2 他の受講生の考えに対する意見を求める」といった出された意見同士の関係性に焦点付ける働きかけや、「3-3 講義内容との関連性の指摘」という働きかけも見受けられた。以下は、共通点・差異点の指摘する働きかけが生じた場面である。

　（自分達の就職活動を振り返る場面で）学A「その仕事先に（就職する前に）実習ができたことが嬉しかった」司会＜それはどうしてよかったなと思ったんですか？＞学A「いきなり行って仕事するより、ある程度練習して入ったほうが頭と体に叩き込めるのでよかったです」（中略）共同学習者B（以下、共学）「内定をもらったんですけど、

実際どんな仕事があるのかわからなくて不安です」司会＜Ａさんも
Ｂさんも会社のことがよくわからなくて不安がある。一方でＡさん
は実習ができることで、仕事内容が分かって安心できたんですね＞
学Ａ「そうです」司会＜（Ｂに向かって）こういう実習という制度が
あることは知っていた？＞共学Ｂ「あるところとないところがある
だろうとは（思っていた）、これから実際に行ってどんな仕事か見せ
てもらえるところがあるとは知っていました」学Ａ「（Ｂに向かって）
実習っていうのは別の仕事に就きながら実習することもできて、学
生と同じように卒業する前に実習と（就職活動を）両立しながら次に
勤めるところを決めるっていう卒業したときに就職に困らないよう
にという実習でした」

　この場面では、学習者も共同学習者も同様に会社への不安を抱きつつ、
学習者の場合には、実習があることでその不安が軽減されることにつな
がっているということを対比する＜ＡさんもＢさんも会社のことがよく
わからなくて不安がある。一方でＡさんは実習ができることで、仕事内
容が分かって安心できたんですね（3-1 他者の意見との共通点・差異点
の指摘）＞という司会者の発言により、学習者と共同学習者で、就職へ
のステップが異なることが理解された。その後、実習のイメージがあま
りはっきりとしていなかった共同学習者Ｂに対し、学習者Ａが実習につ
いての説明を大学生の就職活動に結びつけながら説明する発言へとつな
がった。このような、学習者と共同学習者の対比を促す働きかけは、生
活経験・学習経験の異なる存在がどのような考えを持つのかという点を
明確化する機能を持つと考えられ、討論の中心的な目的である受講生が
自身の考えや価値観を客観化、相対化することを達成する上で非常に重
要な働きかけであると考えられる。

表 4-3　関連性の指摘

3-1 他者の意見との共通点・差異点の指摘	受講生間の意見の共通点や差異点を述べる
3-2 他の受講生の考えに対する意見を求める	同意や反対意見について受講生に聞く
3-3 講義内容との関連性の指摘	受講生の意見と講義内容との関連を指摘する

（4）討論の場に参加させるための働きかけ（表4-4）

　この働きかけも、主に学習者に向けて行われていた。特に、討論に参加できていない学習者に対し、発言のヒントを提示する「4-1 討論への参加を促す」働きかけや、討論とは別の対象に注意が向いている学習者に対してその場で起きていることを伝える「4-2 注意の喚起」といった働きかけが挙げられる。これらは主に、場から外れている学習者を全体の討論へと引き戻すための働きかけであるが、「4-3 意見の全体化」により、場から外れている学習者の興味や考えていることを全体に伝えることで、議論の場全体を外れている学習者へと合わせることにより、討論へ巻き込んでいく働きかけも見受けられた。以下では、この意見の全体化により、討論の場が展開した例を示す。

　　（自身の就職活動の振り返りを行う場面）学Aはそれまでも討論後の発表のことや、手元の資料のことなどを質問し、討論に参加できていない。司会者＜（キョロキョロしている学Aに対し）今まとめをしています＞学A「（司会者に向けて）これって本当に勉強になるんですか？これ勉強じゃなくて仕事だったら真面目にやっていけるんだろうかというのが私にとって課題ですよね」（中略）学A「（司会者に向かって）、これって本当に家に帰って役に立つの？」司会者＜今Aさんから『これって本当に役に立つの？』という意見がありました＞学B「みんなの意見を聞いていると、色んな人がいるんだなっていうのは学べるんじゃないかな」個別対応スタッフ＜頑張って仕

事をしている人もいれば、そうでない人もいて、色んな人がいるん
だっていうことは学べるよね？＞

　この場面では、学習者Aは、討論の内容についていけず、周囲を見回
したり、討論のテーマとは関係のない発言をしており、討論を行うこと
に対して疑問を感じていたと考えられる。司会者の最初の＜今まとめを
しています＞という働きかけは、Aを場面に戻すための「4-2 注意の喚
起」の発言であったが、Aの気持ちは収まらず、討論の意味を問う発言
を繰り返している。そこで、司会者が＜今Aさんから『これって本当に
役に立つの？』という意見がありました＞というAの疑問を全体に還元
するために「4-3 意見の全体化」をした結果、討論の流れが変わり、Aの
疑問に対して、学習者Bから意見が表出された。
　以上の働きかけは、主に知的障害の障害特性を背景としている。上述
のように、学習者の中には、他者の知識状態を正確に理解することや、
自分の考えを伝えることに困難さを抱えるため、他者にわかりやすい意
見を発言することが難しい者がいる。また、注意を適切に配分すること
が困難な者もおり、自分の興味のある事柄に注意が惹きつけられ、討論
に参加できなくなってしまうことがある。したがって、＜今はみんなと
話して、その後にまとめをします＞といった見通しを持たせる働きかけ
や、＜今まとめをしているよ＞と状況を説明する発言により、討論の場
へ注意を喚起する働きかけが必要となる。

表4-4　討論の場に参加させるための働きかけ

4-1 討論への参加を促す	討論に参加できていない受講生へ参加を促す
4-2 注意の喚起	討論に注意が向いていない受講生へ注意喚起する
4-3 意見の全体化	個別に行ったやり取りを全体に伝える

（5）その他の働きかけ（表4-5）

　その他の働きかけとして、「5-1グループを和ませる発言」、「5-2 司会者の意見」が見出された。「杜のまなびや」に参加する受講生は、複数年にわたって継続的に参加する者もいれば、初めて参加する者もいる。特に、学習者は複数回参加する割合が多く、共同学習者は初めて参加する割合が多い傾向にある。このことを踏まえると、「5-1 グループを和ませる発言」は、親密度が異なる受講生が討論において自身の意見を発言しやすくするための場を作ることを目的とした働きかけであると考えられる。このような発言の例として以下が挙げられる。

　　（討論の冒頭で）司会者Ａ＜司会みたいなことをするということなんですけど、基本的にはＢさん（共同学習者）が司会をしてくれるという方向で…＞周囲が笑い、共学Ｂ「なんで私なんですか!？Ａさんがやってください」

　この働きかけは、本来グループ討論の司会を担う役割であるスタッフが、参加経験のある共同学習者へ司会を依頼するという冗談を言った場面であり、このような「5-1 グループを和ませる」働きかけによって、グループの受講生から笑いが起こり、親密度が高まったことが窺われた。

　次に、討論のテーマについて自身の意見を述べる「5-2 司会者の意見」については、司会者を参加者の一部として考えるのか、あくまでも進行役として考えるのかによって、このカテゴリーの働きが異なる。前者については、討論において、司会者が、受講生の様々な考えに触れることを通して自身の意見が活性化されたことにより、参加者の一人として意見を表出したと考えられる。一方で、後者については、司会者の意見は、議論が煮詰まってきたり、混乱した場合に、あくまで場を動かすために発せられたと考えられる。ここで、司会者の意見により討論の場が進んだ例を挙げる。

（女性の脳移植を受けた男性の生活を考える場面で）学A「最初は女性用のトイレに入る」司会＜それで？＞学A「誰にも見られないように入って、椅子に座って、体が違うから失敗する」司会＜失敗することで男性用のトイレに入る？＞学「そう、失敗して男性用に」司会＜トイレは個室だけど、更衣室だとどうかな？人が沢山いる中で着替えないといけないから状況が違うと思うんだけど＞共学B「自分としては、男性ばっかりのところで着替えるのは嫌だと思うかもしれないな」

　この場面では、性自認と身体的な性別が異なる場合の葛藤について扱い、初めの議論ではトイレという個室の状況のみが思考の対象となっており、他者との関係といった社会的な視点が欠けていた。そこで司会者が自身の意見として、更衣室という他者が同じ空間にいる社会的な視点の入った意見を提示することにより、議論が進展している。このように、司会者が意見を言うことは、司会者以外の受講生の発言とは意味合いが異なり、議論全体の流れに影響を及ぼすことができる。したがって、議論の目的を達成させるために、司会者は、自身の意見を表明するという形をとって議論の場を動かし、流れを作っていくことができると考えられる。

表 4-5　その他の働きかけ

5-1 グループを和ませる発言	場の雰囲気を和ませるための発言をする
5-2 司会者の意見	討論テーマに対して司会者自身の意見を述べる

３．司会者に求められる資質
　本節では、「杜のまなびや」における討論場面に焦点を当て、司会者となるスタッフの言動から、学び合いを促すための働きかけについて検討した。初等中等教育の場において実践されている、討論場面における司会者としての教師の役割について、西山・外山（2006）は、①1人1人

の意見や班の意見を分析し、討論全体の構図を把握する、②発言内容を明示する、③全体に判断を迫る問いかけをする、④討論で徹底して実証性・論理性を吟味させる、⑤結論を押し付けないという5点を明らかにした。これらのうち、①、③、④については、上述した「杜のまなびや」における司会者の働きかけのうち、(1) 進行に関する働きかけ(1-1 話題の提示、1-2 意見の聴取、1-5 意見のまとめ)、であり、②や⑤は、(2) 受講生の発言に対する反応(2-3 発言内容の明確化、2-4 掘り下げ、2-5 言い換え、2-9 共感) に含まれると考えられる。本節で明らかになった働きかけには、これら以外に、(3) 関連性の指摘、(4) 討論の場に参加させるための働きかけ、(5) その他の働きかけがあり、これらは以下にみられるように「杜のまなびや」という場ならではのものである。

　「杜のまなびや」における討論の特異性の1つとして、上述のように、学習経験や生活経験が異なる学習者(知的障害者)と共同学習者(大学生・大学院生) が混在する場であることが挙げられる。このようなグループで対等に議論を行うためには、講義内容や他者の発言に対する学習者の理解を促進させ、自身の発言内容を整理し、伝え方を吟味するといった学習者への働きかけ (討論内容の理解度を高める働きかけ)と、受講生相互の意見を対象化し、比較させるような働きかけ(関連性を指摘する働きかけ) が、議論を深め、他者の考えに触れることによって自身の価値観を明確化・相対化させる上で重要な意味を持つと考えられる。では、このような働きかけを行い、学び合いを促進させるために、司会者にはどのような資質が求められるのだろうか。

　討論内容の理解度を高める働きかけについては、「杜のまなびや」の場合、スタッフは討論司会者という役割と同時に、受講生への支援者という役割も担う。この場合には、グループにいる受講生の特性を理解し、討論のねらいとの兼ね合いから、その学習者に合わせた討論のねらいを設定し、そのねらいが達成できるよう働きかけを行う必要がある。このような点を考えた際に、司会者として求められる資質として、受講生視点に立った状況の把握と、学習のねらいとの関連を全体的な視点から

俯瞰する力が挙げられるだろう。また、関連性を指摘する働きかけについては、学習者と共同学習者との学習・生活経験における相違点や、講義内容と受講生の経験との関連などに気づくための着眼点が必要とされる。さらに、これらの働きかけを、討論の目的や方向性に応じて使い分け、討論の場をコントロールする力も求められるだろう。このような力は、討論への慣れといった司会者自身の経験はもちろんのこと、知的障害者、大学生の心理社会的な特徴や今日的な問題に関する知識などが背景となると考えられる。

　討論とは、他者の意見を元に自身の意見を関係づけ、調整することを通じて、視座転換が生じる活動である（岡田, 1998）。このような視座転換により、自身の考えを対象化し、変容させることで、精神的な成長を得ることができる。したがって、このような討論は、生涯教育の場においても、生涯発達を促す上で効果的な方法であると考えられる。生涯教育においては、それまでの、初等中等教育や高等教育とは異なり、遥かに多様な対象が混在することになるため、本節で明らかになった受講生視点に立った状況把握や、異なる対象の経験を対象化させ、比較することを促す働きかけやそれを行うために司会者に求められる資質は非常に重要になると考えられる。

第3節　本章のまとめ

　本章では、学生スタッフの役割について、第1節では受講生と講師との間の学び合いを促進するための工夫について、第2節では受講生である学習者と共同学習者との間の学び合いを促進するための工夫について、それぞれ述べた。第1節では、知的障害者を受講生に含むことについて抱かれる講師の不安に対処すること、講師のニーズに応じて受講生の情報を収集し伝えること、講師の専門性につながる講師自身の学びを意識化すること、の3つに関して、具体的な例をもとにスタッフの工夫のポイントについて叙述した。第2節では、講座内での討論場面での司会役

割に着目し、進行に関する働きかけ・受講生の発言に対する反応・関連性の指摘・討論の場に参加させるための働きかけ・その他、5つのカテゴリーにおけるスタッフの言動の工夫について、具体例をあげ論述したうえで、司会役割を担うスタッフの資質に言及した。

　本章で取り上げた、受講生と講師、および、学習者と共同学習者、それぞれの間の学び合いを促進するための工夫に共通しているのは、次の3点である。1点目は、それぞれの工夫が、学生スタッフの専攻領域における知識や経験などの専門性の高さの上に成り立っていることである。例えば、講師の不安やニーズに応じて講師担当スタッフから提供される情報や、学習者の障害特性をふまえたうえで司会スタッフが行う気持ちの代言や発言のしかたの提案、例示などがそれに該当する。2点目は、その専門性は相手（講師や受講生）の自発性を引き出すことを目的として発揮されることである。講師担当スタッフにおいて、その専門性は一方的または積極的に発揮されるものではなく、あくまでも優先されるべきは講師からの不安や疑問の表出であり、それらを引き出した上で専門性が発揮されることに意味がある。討論司会者においては、相手（受講生）が表出しにくさを抱えている場合には、その表出を促す手法として専門性が発揮される場合もある。3点目は、個と全体をつなぐ視点を持っていることである。講師担当スタッフの場合は、複数の受講生の状態をひとりの講師へつなぐことのみではなく、担当スタッフが講師や講座について理解した内容をスタッフ全体で共有することも含まれる。討論における司会担当スタッフは、受講生から出された意見や疑問をグループ全体の話題とする等の点で、個人と全体をつなぐ。

　これらの共通点は、工夫を行う立場にある学生スタッフが、受講生と講師の間、学習者と共同学習者の間、それぞれの間のちょうど中間に位置する存在であるからこそ可能となるのであろう。学生スタッフは大学院生を中心としていることから、講師程に経験や知識は蓄積されていないものの将来講師のような研究者・教育者となることを志す学生も多くいた。講師が自分自身の講義に対する姿勢や思いを率直に開示するに

至ったのは、学生スタッフがそのような立場にあることも少なからず影響を与えたのではないだろうか。また、大学院生を中心とした学生スタッフは、学部生を中心とした共同学習者よりも年上でありながら学生という立場では共通し、社会人を中心とした学習者よりは年下あるいは同年代でありながら、非常勤雇用等を経験している点では就職歴のある立場は共通していた。このような、ちょうど中間に位置する存在であることが、共同学習者にも学習者にも共感できることにつながり、司会者として両者をスムーズにつなぐことを可能にしたと思われる。

　上述のような学生スタッフの立場は、「(年齢・地位・能力などが) 同等の者；仲間・同輩と訳され、ラテン語で『等しい、似た』の意味の"pār"に由来する」とされる「ピア」(西山・山本，2002) に該当すると考えられよう。つまり、講師とも、学習者とも、共同学習者とも、それぞれと少しずつ同等であり似たところがある学生スタッフが、それぞれの「ピア」として機能することによって、それぞれをつなぎ、お互いから学び合う関係性を補助することが可能になったと考えられる。「杜のまなびや」の講座にかかわる参加者が全体として相互に学び合うという構図は、障害者基本法第1条にある「障害の有無によって分け隔てられることなく、相互に人格と個性を尊重し合いながら共生する社会」につながる関係性ということができるのではないだろうか。

【引用文献】

中央教育審議会 (2008) 新しい時代を切り開く生涯学習の振興方策について―知の循環型社会の構築を目指して―，
　　http://www.mext.go.jp/component/b_menu/shingi/toushin/__icsFiles/afieldfile/2008/12/18/080219_01.pdf (2019年2月24日閲覧)
ローマン，J. (1983) 大学のティーチング，玉川大学出版部.
松尾　剛・丸野俊一 (2008) 主体的に考え，学び合う授業実践の体験を通して，子どもはグラウンド・ルールの意味についてどのような認識の変化を示すか，教育心理学研究，56 (1)，104-115.
文部科学省 (2017) 平成29・30年改訂 学習指導要領，解説等. 文部科学省，

https://www.mext.go.jp/a_menu/shotou/new-cs/1384661.htm（2019年2月
24日閲覧）

永瀬　開・李　煕馥・松﨑　泰・広木　純・鍋倉康平・太田　光・鴻野美
和子・川住隆一（2016）知的障害者・大学生共同参加型オープンカレッ
ジにおける「学び合う」討論の展開，東北大学大学院教育学研究科教育
ネットワークセンター年報，16，29-41.

西山久子・山本　力（2002）実践的ピアサポートおよび仲間支援活動の背景
と動向―ピアサポート／仲間支援活動の起源から現在まで―．岡山大
学教育実践総合センター紀要，2，81-93.

西山佳澄・外山英昭（2006）主体的な探究活動を通して社会認識を深める日
本史討論学習（芸術・体育・教育・心理）．研究論叢．芸術・体育・教
育・心理，56（3），125-140.

岡田敬司（1998）コミュニケーションと人間形成―かかわりの教育学Ⅱ，ミ
ネルヴァ書房.

尾之上高哉・丸野俊一（2012）如何にしたら，児童達は，学び合う授業の中で
「自分の考え」を積極的に発言できるようになるのか．教授学習心理学
研究，8（1），26-41.

竹田契一・里見恵子（1994）インリアル・アプローチ，日本文化科学社.

田中真理・小牧綾乃・滝吉美知香・渡邉　徹（2011）小学校の特別支援教育
コーディネーターにおける「内的調整」機能に関する研究，日本特殊教
育学研究，49（1），21-29.

吉川幸男・椙山啓二（2017）小学校歴史授業「話し合い・討論」のための類
型別指導方略.教育実践総合センター研究紀要，43，135-146.

吉永崇史・西村優紀美（2010）第4章　チーム支援を通じた合理的配慮の探
究.斎藤清二・西村優紀美・吉永崇史，発達障害学生支援への挑戦―ナ
ラティブ・アプローチとナレッジ・マネジメント．金剛出版，109-139.

第5章　学習者の学び

　「杜のまなびや」は、学習者および共同学習者が同じ立場で学ぶ受講生として位置づけられていることが大きな特徴である。また、講師は大学教員であり講座内容も担当教員の専門性から展開されたことも大きな特徴として挙げられる。これは、大学が高度に専門的な知を有する教育機関である特徴を考慮したためで、講座内容も大学の資源を活用し受講生の視野を広げ「教養」を高めることに特化されている。さらに、講座の進行においては、学習者と共同学習者でグループ（班）を作った上で、討論やグループワークなどの活動を設定し「学び合い」が進むように工夫されている。この活動は班内の受講生同士を中心としながら、各班の成果を全体で共有する場を通して受講生全体の学び合いへと進むように、また講師が活動中に各班の様子を観察し全体共有をさらに総括することを通して講師と受講生との学び合いが進むように配慮したものであった。

　本章では、上記の特徴を有する「杜のまなびや」において学習者は何をどのように学んだのかを明らかにする。そして、「杜のまなびや」への参加を通して学習者の意識・行動にどのような変化がみられたかを検討する。

第1節　はじめに

　「杜のまなびや」は、知的障害のある成人に対し、生涯学習の場を提供することを目標として実施されたが、実際に参加した知的障害者の"学び"とはどのようなものだったのだろうか。知的障害者の生涯学習支援をより充実させていくためには、学習機会や多様な学習プログラムの提供などの体制整備に関することに合わせて、知的障害者の"学び"の内容を明らかにしていくことが重要と考えられる。生涯学習の場に参加することによって、どのようなことを学ぶのか、学びを促進する要因とはどのよ

うなものか、また、その学びは個人にとってどのような意味を持つのかといった、学びの評価に関する検討は生涯学習の本質であると考えられる。

先行研究を概観すると、体制整備に関して、岡野ら（2010）は大学における知的障害者を対象とした生涯学習に関する実践をレビューし、東京学芸大学や大阪府立大学など19大学において取り組みがみられること、その内容は大きく、お金やインターネットの使い方などの「生活」、書道やスポーツなどの「芸術」、国際理解や経済などの「教養」に分けられること、また大学の資源を活用して大学教員や学生が講師やボランティア、受講生といった形で参加していることなどを指摘している。一方で、学びの評価に関する研究は少ない。平井（2006）は、東京学芸大学にて行われた公開講座の受講生を対象とした学びの評価を検討している。受講生の家族・世話人（受講群）と受講経験のない養護学校卒業生の家族・世話人（対照群）を対象として、知的障害者の青年期－成人期的課題質問紙（本章第3節表5-1を参照）を用いた受講による意識変化を調べた結果、受講群は対照群に比べ講座を受講したことで、特に「生活改善への意欲」「交際の広がり」「コミュニケーション態度の向上」「独立心」に有意な向上が認められることを指摘した。ここから、生涯学習の経験は学習意欲の向上、他者や生活への関心の高まりといった効果が考えられるものの、生涯学習の場における知的障害者の学びの内容や、その促進要因、およびその後の生活への効果といった検討は未だ十分とは言えない。したがって、「杜のまなびや」における学習者の学びを詳細に検討することには、知的障害者の生涯学習を考える上で大きな意義があると考えられる。

本章では、学習者として位置づけられた知的障害者が、「杜のまなびや」を受講することで、どのような学びを経験したのか、また、「杜のまなびや」での学びの経験が、日常生活にどのように活かされたのかを明らかにしていく。本章第2～4節では、「杜のまなびや」をフィールドとした各種研究論文の知見にもとづいて論じていく。第5節では、3名の学習者に焦点を当て、彼らが「杜のまなびや」への参加を通して様々な学び

を得ていく様子について詳述していく。

第 2 節　学習者は講座を受講することで何をどのように学んだのか

　「杜のまなびや」を受講することで、学習者がどのようなことを学んだのかを明らかにするために、鈴木ら（2010）の調査をもとにまとめる。この調査は2009年度に開講された講座を受講した者を対象に行われたもので学習者12名および共同学習者12名が対象であった。なお、ここでは学習者12名（平均年齢27.9 ± 8.7歳）のみを分析対象とする。

　2009年度の講座は、「からだをつかって考えよう」（第1回）、「五感で学ぶわざの世界」（第2回）、「自分の生きざまを語る／他者の生きざまを聞く」（第3回）であり、各回における討論／グループワーク活動は、身近な環境問題とその解決策を理解するための体験活動（ゲーム）とダイヤモンドランキングを用いた討論活動（第1回）、五感を使った"知"や"わざ"の体験活動と感覚を鍛えて何がしたいかについての討論活動（第2回）、受講生5名が受講生講師となり各自が設定した主題で講義を実践し各受講生が感じたことについての討論活動（3回目）であった。

　各講座の終了時には直後アンケートをして、講座内容や討論活動などの満足度について調べる質問紙調査を行った。この中から講座内容や討論活動、学習効果に関する回答を取り上げたい。

　図5-1は、「今日の講義は勉強になりましたか」（講座内容）に対する回答である。3回の講座を通して「勉強になった」と回答した者がほとんどであった。第2回と第3回では各1名が「普通だった」と回答しており、「勉強にならなかった」と回答した者は全ての講座を通していなかった。自由記述をみると、「難しかったです」（第1回）、「少し難しい勉強があったけど勉強になった」（第2回）、「説明がわかったから勉強しやすかった」（第3回）、「（受講生講師の話を聞いて）同感だと思った」（第3回）と、内容に難しさを感じながらも、内容理解について肯定的な意見が多くみられた。

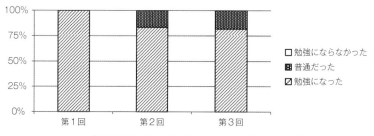
図5-1 「今日の講座は勉強になりましたか」に対する回答 (N=12)

　図5-2は「討論は楽しく参加できましたか」(討論活動)に対する回答である。3回の講座を通して「楽しかった」と回答した者がほとんどであった。「普通だった」と回答した者は各回で1名であり、「楽しくなかった」とした者はいなかった。自由記述をみると、「初めての参加で最初は緊張したが最後はとても楽しくなった」(第1回)、「私の気持ちが同じ班の人に伝わった気がした」(第2回)、「色々な人の意見があるんだなぁと思った」(第2回)、「1人で勉強するより皆と勉強することで勉強が楽しくなった」(第3回)といった活動に対する肯定的な意見が多くみられた。

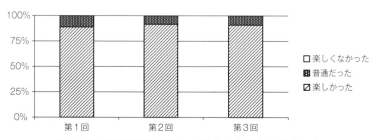
図5-2 「今日の討論は楽しく参加できましたか」に対する回答 (N=12)

　図5-3は「今日勉強したことについて、もっと勉強したいと思いますか」(学習効果)に対する回答である。3回の講座を通して「知りたいと思った」と肯定的な回答をした者が最も多かった。第1回と第3回で1名が、第2回で2名が「知りたいとは思わなかった」と回答していた。自由

記述をみると、「お勉強したいと思った」（第2回）、「自分も発表してみたくなった」（第3回）、「もっと講座を増やして欲しい」（第3回）など講座を受講することで意欲が上がったという意見がみられた。

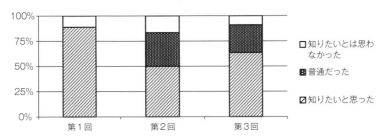

図5-3　「今日勉強したことについて、もっと勉強したいと思いますか」に対する回答（N=12）

　これらアンケート結果からは、学習者の講座に対する肯定的な態度が考えられた。講座内容の理解については「勉強になった」と回答した者がほとんどであったが、自由記述からは「難しかった」や「難しかったが勉強になった」などの意見もみられた。また、学習効果については、講座内容について「もっと勉強したい」と回答した者がほとんどであり、自由記述からも「自分も発表してみたい」といった肯定的な態度がみられた。「杜のまなびや」は講師の専門性を活かした「教養」に焦点化されている。その題材は、必ずしも受講生の興味や関心に基づいて取り上げられたものではなく、講師の専門性から、世界に住む人々の多様性と偏在から地球的な課題とその解決策を考える「環境問題」、感覚を鍛えることで得られる知識や技術について考える「五感と"わざ"」、受講生自身が自分の人生を語ることで立場や経験が異なる人々の相互理解を深める「自己」が取り上げられていた。内容的には抽象的なものが多く難しさがあったものと考えられるが、内容に関する理解や関心が高まったことには注目に値する。生涯学習における学習効果の1つには、学ぶことが楽しいと感じることや、新しい知識を得て社会や自分の生活へ関心が高まることにあると思われる。講座を受講することによって、それまでの生活の中で必

ずしも興味や関心が高くなかった事柄について学習し理解や学習への意欲が高まったことは「杜のまなびや」の大きな成果と考えられる。

　「杜のまなびや」において学習内容の理解を促すポイントとして以下のことが挙げられる。まず、身近な題材を取り入れつつ具体的な体験活動を導入したことで自分の経験と結びつけて考えられるように配慮したことである。これは、「体を動かすことで勉強の内容が入ってきやすかった」や「ダイヤモンドランキングで色々な理由を考えた人がいて、色々な発想があるのだなと勉強になった」などの自由記述から窺われるように、体験活動やツール活用によって内容理解が促進されたことが考えられる。また、討論活動において受講生同士が自分の考えや意見を出し合うことで各々の理解が進むように配慮した点である。このことは、「（討論活動が）楽しかった」、「1人で勉強するより皆と勉強することで勉強が楽しくなった」といったという意見が多くみられ、受講生同士の"学び合い"が学習内容の理解と学習意欲の促進に大きく寄与したことが窺える。討論活動を通じて他者の考えを聞き自分の考えを表明することは、考え方の多様性に気づき、新たな視点を得たり自分の考えを顧みたりすることで学びが深まったと考えられた（鈴木ら, 2010）。さらに、講座の構成について、説明、体験、討論、まとめなどの活動が原則的に共通していたことで見通しを持って受講できたことも理解を促した点であろう。

　以上から、学習者として参加した知的障害者は、講座で取り上げられた「教養」の内容に理解を深めるとともに学習意欲が高まり、また、その促進要因として、講座の構成や受講生同士の学び合い活動などが考えられた。この学びは、興味・関心を持ちつつ自分に結びつけて学び、他者との協働を通して知識・理解を深めるという点で「主体的・対話的で深い学び」（中央教育審議会, 2016）に合致する。「杜のまなびや」が効果的な学びの場となっていたことが考えられる。

第 3 節　学習者の「学び」は日常生活にどう活かされるのか

　講座を受講することで、学習者は取り上げた内容に関する理解が進み、また学習への意欲が高まったことが考えられた。特に、学習意欲の高まりという点は「杜のまなびや」をはじめとした知的障害者の生涯学習支援の取り組みの意義や効果を検討する上で非常に重要な視点と考えられる。

　ここでは、学習効果や学習意欲が、その後の生活にどのような影響を与えるのかについて永瀬ら（2014）の報告をもとにまとめる。この調査は2013 年度に開講された講座を受講した者を対象に行われたもので、学習者 12 名（平均年齢 29.67 ± 6.04 歳）が対象であった。調査は、受講によって日常生活における意識や態度に変化がみられたかどうかを調べるために平井（2006）による「知的障害者の青年期・成人期的課題（改訂版）」を参考に作成された質問紙が用いられた（質問項目の詳細は表 5-1）。回答は 4 件法（とてもそう思う～全然そう思わない）で、評定の際には可能な限り理由について聴取した。調査は、全ての講座が終了してから 1 ～2 か月の間に行われた。

表 5-1　知的障害者の青年期・成人期的課題（改訂版）

項目 1：新しい知識や社会への関心が高まった（知識と社会への関心）
項目 2：自分の生活を見直し改善する意欲が高まった（生活改善への意欲）
項目 3：仕事への意欲が高まった（仕事への意欲）
項目 4：友達との付き合いや、交際が広がった（交際の広がり）
項目 5：趣味や打ち込めることを見つけるきっかけになった（趣味の発見）
項目 6：話したり書いたりすることが上手になった（コミュニケーション技能の向上）
項目 7：人に自信を持って接することができるようになった（コミュニケーション態度の向上）
項目 8：自分に対する自信が高まった（自信）
項目 9：物の見方や考え方がしっかりしてきた（価値観）
項目 10：責任感が強くなった（責任感）
項目 11：家族（親）や世話人からの独立心が強くなった（独立心）
項目 12：いろんなことを話しあって勉強したい気持ちが高まった（ディスカッションを通して行う学習
　　　　への動機付け）※
項目 13：人の意見・考えをしっかり聞くことができるようになった（他者の意見を聞いて学ぶ態度）※
項目 14：他の人同士の意見・考えの違いを考えるようになった（他者同士の考えの違いに対する態度）※
項目 15：自分と他の人との意見・考えの違いを考えるようになった（自己と他者の考えの違いに対する態度）※

全ての項目は「杜のまなびやに参加して」との文言に続いて質問された。
※の項目は平井（2006）に追加された項目をさす。

質問項目の結果を図5-4に示す。全ての項目で「とてもそう思う」「まぁまぁそう思う」という肯定的な評価が50%を超えており、特に、項目1、項目2、項目9、項目12、項目13、項目14、項目15では肯定的な評価が80%を超えていた。項目1、項目2、項目9は「知識と社会への関心」や「生活改善への意欲」「価値観」を示していることから、学習者は講座の受講を経て、新しい知識や社会への関心、自分の生活を見直す意欲が高まり、物の見方や考え方が明確化されたことが示唆された。このことから、「杜のまなびや」を受講することによって、知的好奇心や生活全般に対して肯定的な変化が考えられる。

　また、項目12、項目13、項目14、項目15は、本調査で新たに追加した項目で「討論活動を通した学習への動機づけ」「他者の意見を聞いて学ぶ態度」「他者同士の考えの違いに対する理解」「自己と他者の考えの違いに対する理解」といった討論活動による“学び合い”を通した意識を示している。その理由を尋ねたところ「いろんな意見が聞けるからおもしろい。この人はこう思って、この人はこう思うとか、違いを楽しめる」（項目12）や「同じグループの働いている人がちゃんとしっかりしている。（中略）今の自分をしっかり見つめておられるのかな」（項目15）といった意見が聴取された。学習者は“学び合い”の経験から、他者の考えを理解し自分との対比から考えの多様性に気づくようになったことが考えられる。

　これらの結果から、学習者として参加した知的障害者は講座を受講したことで、知的好奇心の高まりや価値観の変化、新しい社会への関心や生活改善への意欲などの生活全般へ肯定的な変化があったことが考えられた。これら「杜のまなびや」の日常生活への良い影響には、講座における討論を通した“学び合い”が大きく貢献していることが考えられた。これについて、知的障害者が日常において他者と接する機会が少ないことが理由に挙げられる。武蔵・水内（2009）は、知的障害者が休日に最も一緒に過ごす人が親や兄弟であることを指摘しているが、他者と接する範囲や機会の少なさは、様々な考え方に触れたり他者と自分を比較したり

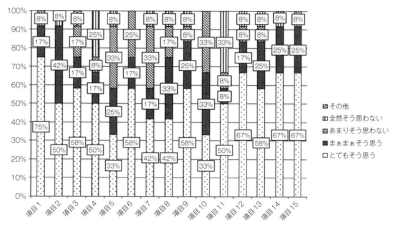

図5-4　青年期・成人期的課題における各質問項目の評定割合（永瀬ら，2014から転載）

（質問項目は表5-1を参照）

といった経験の少なさに繋がる。「杜のまなびや」に参加し「学び合い」を経験することで、様々な考え方に触れ自分と比較することで新たな理解を得るなど大きな学びに繋がったと考えられる。学習者の中には「ここで学んだことを友達にも話したい」と話す者もあり、「杜のまなびや」が日常生活における対人関係を動機づけるきっかけになっていることも窺えた。

　以上から、「杜のまなびや」での学びが日常生活における意識や態度に肯定的な影響を与えることが考えられ、そこには、受講生同士の討論活動を通した"学び合い"が大きく貢献することが考えられた。

第4節　知的障害者における生涯学習の意義

　ここまで、「杜のまなびや」を受講した知的障害者は、教養について学びを深め、それが生活全般に影響することをみてきた。そして、これら学びに対しては討論活動を通した"学び合い"が大きく貢献することが考えられたが、この討論活動においては、具体的にどのような"学び合

い"が起こっていたのか。この問いに対しては、杉山ら（2008）が行った討論プロセスの分析をもとに、討論活動を経てどのように学びが進んだのかを明らかにするとともに、知的障害者の生涯学習の意義について考える。

　杉山ら（2008）の調査は2007年度に開講された講座で行われ、学習者10名（年齢幅：19 〜 49歳）と共同学習者9名が対象であった。2007年度講座の主題は、「自分ってなんだろう」（第1回）、「はたらくということ2」（第2回）、「スポーツについて、いろいろ考えてみる」（第3回）であった。全3回のうち、討論活動は全5場面が設定された。それらは、第1回では「自分のことをカードに記入し内容を分類する活動」（場面1）、第2回では「自分の仕事やアルバイト経験について話し合う活動」（場面2）および「ビデオ視聴をもとに仕事を続けていく意味を話し合う活動」（場面3）、第3回では「体験したスポーツや好きなスポーツなどについて話し合う活動」（場面4）および「講義中に体験したスポーツをもとに新しいルールやスポーツを創造する話し合い活動」（場面5）であった。

　全ての討論場面は、学習者および共同学習者が各々2〜3名で1つのグループを構成し全ての場面で同じメンバーで行われた。ここではあるグループに注目して分析する。このグループは学習者3名（学習者a/b/c）と共同学習者2名で構成された。全ての話し合い場面の映像および音声記録から発言頻度を分析するとともに、講座終了後に行われたアンケートと聞き取り調査から討論の内容とそこでの学びについて検討した。

　図5-5は各討論場面におけるグループメンバーの発言率を示したものである。場面によって学習者3名の発言率は変化しており、学習者aは全体的には高い傾向にあり、場面5はすべての学習者で発言率が低かった。各受講生の発言に関するプロセス分析の結果、各討論場面の開始から前半では、メンバーの発言が重複する（同時に話している）場面がみられるものの、後半になると発言の重複が減少し、話す−聞くという役割が成立した上で討論が行われるように変化することが示された。

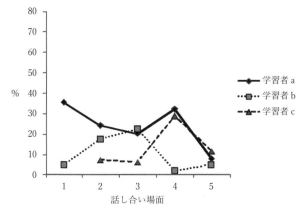

図5-5　話し合い場面におけるグループメンバーの発言率の変化（杉山ら，2008を改変）

　表5-2は全ての講座の開始前および終了後に行われた面接調査の結果
である。事前質問では「(1) 参加理由」「(2) 楽しみな講座」「(3) 心配なこ
と」を聴取し、事後質問では「参加した感想 (1)」「楽しかった講座 (2)」
「グループメンバーについて (3)」などを聴取した。特に、事後質問にお
ける「感想」について、3名の学習者は「楽しかった」「また参加したい」
と肯定的な意見が聴取され、「グループメンバー」については共同学習者
に対する肯定的な意見がみられた。

表5-2　講座における事前事後の面接調査の結果（杉山ら，2008を一部改変）

		学習者a	学習者b	学習者c
事前	1	楽しそうだから。みんなで話し合ったりコミュニケーションすることが楽しそう。	いい勉強になりそうだから。	アンケートに記入するのが楽しそうだから。
	2	第3回（スポーツが楽しみ）	第2回（仕事を続ける。自分も知りたい）	どれも楽しみ。アンケートも楽しみ。
	3	特にない。	大学生との話し合いや手を挙げて発言するのは少し緊張する。	第1回を欠席すること

		学習者a	学習者b	学習者c
事後	1	来年あったらぜひ参加したい	楽しかった。【3回すべてにおいて印象に残っている活動を挙げた。】	またやりたい。楽しかった。
	2	第1回（いろんな自分があるって分かったから）	第2回（服屋さんで働くビデオ）	第3回（バレーをしたこと）
	3	共同学習者A，Bと自分を比べると、自分は意見の質が、全然（だめ）だった。共同学習者A，Bは、みんなを引っ張っていた。自分もそうなりたい。	共同学習者Aは、やさしかった。司会をしてくれた。共同学習者Bは、あまりしゃべらなかった。	小学校の時に先生とバレーをしたが、友達と一緒にバレーをしたことがはじめて。

（（ ）は本人の言葉、【 】は面接者の補足）

事前質問1，参加した理由を教えてください；事前質問2，楽しみな回を教えてください；事前質問3，心配なことを教えてください；事後質問1，参加した感想を教えてください；事後質問2，楽しかった回を教えてください；事後質問3，グループメンバーについて、どのように思いましたか、教えてください

　討論場面における学習者の発言率は、場面5では全体的に低い一方、場面1〜4では学習者によって差があるなど場面によって違いがみられた。ここには大きく2つの要因が考えられる。まず1つ目は課題の内容の違いである。場面5は新たなスポーツを考え出すという創造的な思考が要求される課題であった一方、場面1〜4はカードを分類する具体的操作がある（場面1）、自分自身の経験やその場で経験したことをもとに話す（場面2、3、4）ものであった。抽象的な思考を要する課題（場面5）とは異なり具体的なものや自分の経験をもとにする活動であったことから活発な発言に繋がったと考えられる。2つ目は個人の興味や関心の違いである。例えば、学習者bは、事前質問において「第2回が楽しみ」で

「仕事を続けることについて知りたい」と回答し、発言率をみると第2回の話し合い場面（場面2および場面3）で発言率が高くなっていた。学習者aは事前質問において「第3回が楽しみ」と回答しており、発言率は第3回の話し合い場面4で高くなっていた。知的障害の特性として学習によって得た知識が断片的になりやすく、実際の生活の場面の中で生かすことが難しいことが指摘され（文部科学省, 2018）、したがって教育では経験を重視した学習が展開される。以上からは、活発な話し合いの鍵となる要因として、具体的または経験をもとにすること、さらに課題に対する興味や関心を高めることが考えられる。

　話し合い場面のプロセス分析からは、会話のターン（話す人、聞く人）が話し合いが進むに連れて成立していくことが示され、また、詳細な分析から、学習者あるいは共同学習者の両者ともに発言し、かつその順序が偏ることなく相互に発言するようになることが明らかにされている。会話が一方的にならずに全員で活発に活動が展開したことは、お互いが相手を尊重しあいながらコミュニケーションが展開した結果であろう。

　さて、このような話し合いの経験を通して、学習者はグループメンバー、特に共同学習者に対して特別な思いを抱いたようであった。学習者aは事後面接において「共同学習者と自分を比べると全然（だめ）だった」や「自分もそうなりたい」という発言をし、話し合い場面における自分の会話の内容と共同学習者の会話の内容を比較して自分自身が十分ではないことに気づき、共同学習者をモデルとして目指す姿を自覚した様子であった。このような感覚は、自分から学ぶ場を求めること、学び続けることの重要性を意識することであり、「杜のまなびや」における学び体験は、学習者aにとって「知識を得る」ために学習するばかりではなく「自分の向上」のために学習するという体験であったと思われる。大内ら（2007）は、オープンカレッジの意義をコミュニケーションスキルの獲得に見いだしたが、単にスキルの獲得ではなく、他者との関係の中で自分自身について考える機会ともなっていることが考えられる。このような他者との"学び合い"の中で自分自身を見つめる機会となったことは「杜

のまなびや」のもつ生涯学習の大きな意義の1つと考えられる。

　以上から、知的障害者の生涯学習の場である「杜のまなびや」の意義としては大きく3点が考えられる。1つ目は知識を得る学びの機会となっている点である。「杜のまなびや」は教養に焦点が当てられている。従来、知的障害教育では、生活に根ざした実践的な学びが重視されているが、大学教員がその専門性を発揮する専門性の高い内容であって、講座の構成を工夫することで"学び"を深めることができることが明らかにされた。2つ目は「杜のまなびや」で得た"学び"は、講座が終わった後でも生活に肯定的な意識変化を与える点である。"学び"の経験が価値観の変化を促し社会への関心や生活改善への意欲が高まるなど生活全般への意識変化に繋がる。"学び"がその時だけのものではなく、生活全般に般化し、その結果、生活や人生が豊かになる。「杜のまなびや」での"学び"が、このような好循環の契機になり得ることこそ生涯学習のもつ大きな意義と考えられる。さらに、この"学び"に貢献するのは受講生同士の"学び合い"にあることが示された。そして、"学び合い"は単純に"学び"を深めるだけの役割ではない。"学び合い"を通して、知的障害者は、自分自身に関する理解を深め同時に目指す姿を自覚するといった「自分自身への気づき」を促すことができる点が3つ目の意義である。「杜のまなびや」に参加したのは知的障害者と大学生・大学院生であり、年齢も10代から40代と幅広く、働いている人や学生など様々な立場の人達が参加している。多様な背景をもつ人達と、いろいろな話題について討論することによって、多様な考え方に気づくとともに自分自身についても考えを深めることができる。「杜のまなびや」での講座の進め方の工夫によって、これらを円滑に促すことができたものと考えられる。

第5節　学習者事例の紹介

1. 自ら学び続け、また"学び合い"を通して自己開示するようになった大林 圭（おおばやし・けい）（仮名）さん

参加まで

　圭さんは、「杜のまなびや」の講座が始まった2006年度以降、ほぼ毎回の講座に参加している学習者である。初参加時は養護学校（特別支援学校）高等部3年生であり、学校の先生から「杜のまなびや」の案内を紹介されて、「大学に行けるから嬉しいなぁ」と思ったそうである。そして、「知識みたいなのを伸ばしたい」「あんまり自分のことが好きじゃないから、変われるかなと思って」という理由から、自分の意思で参加を申し込んだ。

「杜のまなびや」への期待

　初参加の前に行われたインタビューでは、大学のイメージについて「すごい楽しいところ」と述べていた。どういうところが楽しいと思うかという質問には「勉強とかできるから」と答え、圭さんの好きな歴史などの知識を伸ばすことができると考えているようであった。しかし、どこかで聞いた話として「（大学には）修学旅行みたいなものがある」とも述べており、大学について実際とはやや異なるイメージを抱いているところも見受けられた。また、高等部卒業後は就職を希望しており、働くことについては「楽しみ」と語る一方、もし大学に入ることができたら入りたいかという質問に対して「入りたい」と即答し、高等部卒業後も勉強したい気持ちがあると述べていた。

　「杜のまなびや」への参加にあたっては、共同学習者と話ができることを一番楽しみにしていた。その理由を尋ねられると「友達とか増やしたいからです」と答えており、大学で知識を得ることのみならず、共同学習者の交流についても高い期待を抱いていることがうかがえた。一方、心配なことは「あんまりない」と述べていた。

講座での学びの様子

　高等部卒業後も自らの意思で学び続ける：初参加時のインタビューでは就職希望と話していた圭さんであったが、最終的に、高等部卒業後すぐには就職しなかった。職業訓練のための学校に通い、そこでの訓練を経てからスーパーに就職した。そして、就職するまでの間や就職した後も圭さんは「杜のまなびや」に継続参加した。

　2007年度の講座「スポーツについていろいろ考えてみる」の直後アンケートでは、楽しかったこと・面白かったこととして、スポーツの歴史に関する講義を挙げていた。もともと歴史好きではあるが、スポーツの歴史という「教養」に触れたことで、圭さんの歴史に対する知的好奇心がさらに高まったのではないかと考えられる。また、このアンケートの感想欄に、圭さんは「今日が最後でとても早いと感じました。またみんなに会いたいと思います。それと私を忘れないでください」と記述していた。継続参加へ意欲的であると同時に、講座が毎年3回で終了することへの物足りなさや寂しさを抱いていることがうかがえた。2008年度の講座前のインタビューでは、複数の友達が大学へ通っていることを羨ましく思う気持ちが語られた。高等部卒業後すぐに就職しなかったことや「杜のまなびや」へ継続参加したことの背景には、「学校にもっと通いたい」または「知識をもっと身につけたい」という圭さんの思いがあったのではないかと推察される。

　2009年度の講座前のインタビュー（表5-3）でも、圭さんの学習に対する主体的な姿勢がうかがえた。「杜のまなびや」への参加動機について、圭さんは「勉強が楽しいから」「色々な活動がしたいから」「色々な人と話したいから」に対して最も肯定的な評定をしていた。そして、「喜ぶ人がいるから」「他の人から言われたから」という理由は否定していた。

　以上のとおり、圭さんは初参加時から一貫して学習に対する動機付けが高く、「杜のまなびや」への継続参加によって知的好奇心の充足を図っていた。それは見方を変えると、高等部卒業と同時に学習の場がなくなることに対する圭さんの不安や不満の表れであったのかもしれない。い

表5-3　事前インタビューにおける参加動機

項　　　目	評定（1〜4）
勉強が楽しいから	4
将来の役に立つから	3
喜ぶ人がいるから	2
他の人から言われたから	1
色々な活動がしたいから	4
色々な人と話したいから	4

評定：4「良く当てはまる」，3「当てはまる」，2「当てはまらない」，1「全く当てはまらない」

ずれにせよ、自ら学び続けようとする圭さんにとって、「杜のまなびや」が重要な学習の場のひとつとして定着したのは確かであるといえよう。

「人と話すのも勉強だと思う」：「学ぶ・勉強するということ」について、2006年度の参加前の時点では、「新しい知識を得ること」と圭さんは捉えていた。そして、大学での勉強は中学校や高校とは「少し違う」と考えているようであったが、その違いに関して「国語の勉強だと漢詩とか」と述べていた。このように圭さんは当初、高校までと同じような教科学習が続き、その内容が難しくなるのが大学であるというイメージをもっていることがうかがえた。しかし、2012年度の講座開催前に行ったインタビューでは、「人と話すのも勉強だと思う」「テストだけではない勉強が楽しみ」と発言しており、「学ぶ・勉強するということ」に対する圭さんの価値観に変化が生じていた。そして、これは「杜のまなびや」の講座を構成するにあたって、講師からの知識伝達（「講義」）だけでなく、受講生同士での討論すなわち"学び合い"を重視してきたことに伴う圭さんの変化なのではないかと考えられる。

「世代が違う人と仲良くできる」：「杜のまなびや」の開催前後に行ってきたインタビューの中で、圭さんは一貫して、「杜のまなびや」では人と話すことを楽しみにしているようであった。しかし、初参加の2006年度のインタビューでは、上述のとおり大学生との交流にのみ関心をもっていたが、2012年度のインタビューにおいて圭さんは「杜のまなびや」の

良いところとして「世代が違う人と仲良くできるっていうところ」と挙げていた。

　本章第4節で述べたとおり、「杜のまなびや」には多様な背景をもつ人たちが参加している。そして、「杜のまなびや」に何年にもわたって参加し、多様な背景をもつ人たちとの"学び合い"を数多く積み重ねたことによって、圭さんは初参加時よりも広い視点で「杜のまなびや」という学習の場を捉えるように変化したのではないかと考えられる。

　自己開示に対して積極的になる：2008年度の講座開催前のインタビューで、「自分の生きざまを語る／他者の生きざまを聞く」という講座について、圭さんは関心を示しながらも「俺の生きざま、立派じゃないし」「（自分の生きざまについて）胸張って言えない」と自己否定的な発言をしていた。そして、講座前に「あなたは、どこから来てどこへ行くのか」というテーマで、自分の過去・現在・未来について文章や絵で自由に表現する課題に取り組んできてもらったところ、圭さんは「友情パワー」というタイトルで近所の友人のことを紹介した（図5-6）。圭さんにとってその友人がどのような存在であるかがとてもよく伝わる文章であったものの、圭さん自身のことはあまり語られていなかった。もともと人と話すことが好きな圭さんではあるが、インタビューでの発言が示すとおり、自分に自信が持てないことから自己開示については消極的であったといえる。

　しかし、講座終了直後のアンケートで圭さんは「みんなとトークをして楽しかった」と記述しており、講座全体に対する満足度は高かった。そして、講師から受講生への宿題として、「自分にとって大事な学び」というテーマで、「話し合いで伝えたかったこと」「講義を通して考えたこと」「講義で心に残ったこと」などを自由に表現してもらったところ、圭さんは、自身のこれまでの友人関係や対人トラブル、コミュニケーションについて次のように述べていた（図5-7も併せて参照）。

あなたはどこから来て、どこに行くのか

タイトル：　　友　情㋙パワー ㋙

家の近所に、〇〇君 という友達がいます。
小学・中学の時、休みがちな僕にいつもやさしてくれました。
毎朝、家によってくれたり、休んだ時にいろいろ届けてくれました。
中学校卒業してから、家が近いのに なかなかあえなかったけど、
去年あったら カッコ良くなってました。あいかわらず優しそうでした。
こういう人といつまでも友達でいたいと思っています。

〇〇君は、学校の先生になりたいそうです。きっといい先生にな
ると思います。
ありがとうって ませ大だ言っていません。
　今日キン肉マンガ 頭にうかんできました。
キン肉マンは、友情の話だなぁ〜と思いました。

図5-6　「あなたは、どこから来てどこへ行くのか」というテーマで圭さんが表現した文章とイラスト

（友人の名前が書かれた箇所は「〇〇」と筆者が修正）

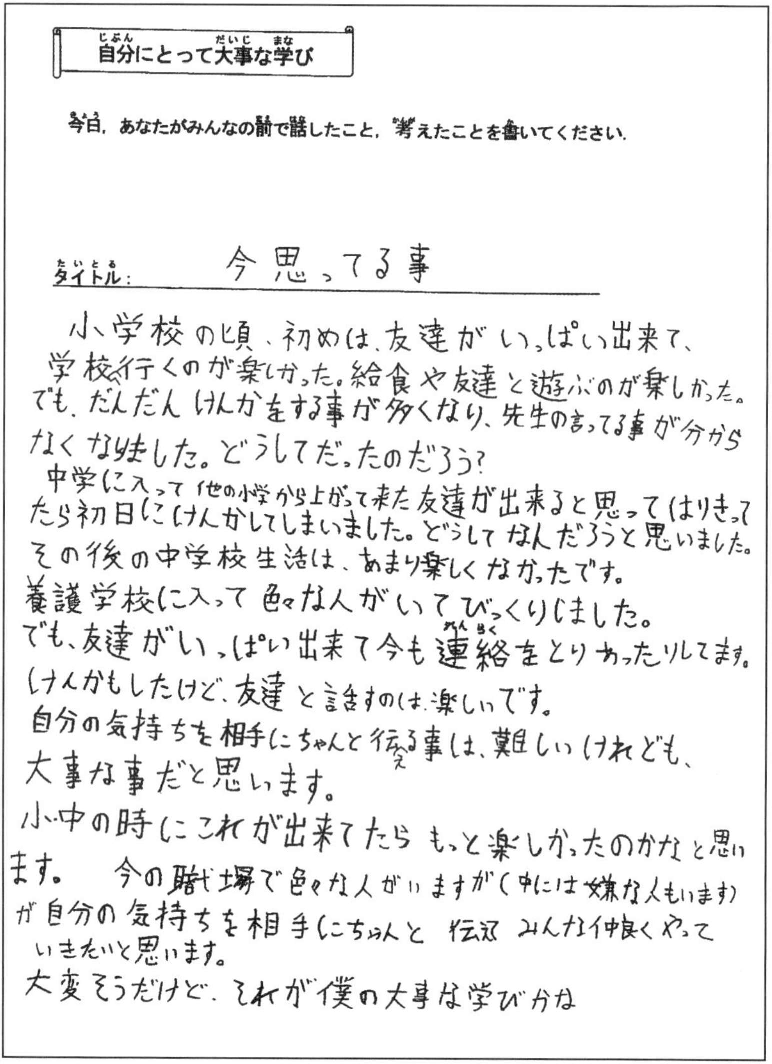

自分にとって大事な学び

今日，あなたがみんなの前で話したこと，考えたことを書いてください.

タイトル：　　　今 思ってる事

　小学校の頃、初めは、友達がいっぱい出来て、学校行くのが楽しかった。給食や友達と遊ぶのが楽しかった。でも、だんだんけんかをする事が多くなり、先生の言ってる事が分からなくなりました。どうしてだったのだろう？
　中学に入って他の小学から上がって来た友達が出来ると思ってはりきってたら初日にけんかしてしまいました。どうしてなんだろうと思いました。その後の中学校生活は、あまり楽しくなかったです。
養護学校に入って色々な人がいてびっくりしました。
でも、友達がいっぱい出来て今も連絡をとりあったりしてます。
けんかもしたけど、友達と話すのは楽しいです。
　自分の気持ちを相手にちゃんと伝える事は、難しいけれども、大事な事だと思います。
　小中の時にこれが出来てたらもっと楽しかったのかなと思います。　今の職場で色々な人がいますが（中には嫌な人もいます）が自分の気持ちを相手にちゃんと伝えみんな仲良くやっていきたいと思います。
　大変そうだけど、これが僕の大事な学びかな

図5-7　「自分にとって大事な学び」というテーマで圭さんが表現した文章

　　小学校の頃、初めは、友達がいっぱい出来て、学校へ行くのが楽しかった。給食や友達と遊ぶのが楽しかった。でも、だんだんけんかをする事が多くなり、先生の言ってる事が分からなくなりました。どうしてだったのだろう？

　　中学に入って他の小学（校）から上がって来た友達が出来ると思ってはりきってたら初日にけんかしてしまいました。どうしてなんだろうと思いました。その後の中学校生活は、あまり楽しくなかったです。

　　養護学校に入って色々な人がいてびっくりしました。でも、友達がいっぱい出来て今も連絡をとりあったりしてます。けんかもしたけど、友達と話すのは楽しいです。

　　自分の気持ちを相手にちゃんと伝える事は、難しいけれども、大事な事だと思います。小・中の時にこれが出来てたらもっと楽しかったのかなと思います。今の職場で色々な人がいますが自分の気持ちを相手にちゃんと伝えてみんな仲良くやっていきたいと思います。

　　大変そうだけど、それが僕の大事な学びかな（。）

　そして、圭さんは最後に、「こういう世の中になって欲しいです」とメッセージを添え、たくさんの人が横一列に並んで肩を組んでいるイラストを描いていた（図5-8）。

　講座を受ける前は自己開示に消極的だった圭さんが、講座後には、過去や現在の自分について、また自分が願う未来について文章や絵で表現するようになった。これは、講座当日に他者の生きざまを聞いた、つまり他の受講生が自己開示する姿を見たことにより、「自分も生きざまを語ろう（自己開示しよう）」と圭さんの気持ちが変化したことの表れだといえる。

　「同じ人間なのになぜ区切るのか」：「杜のまなびや」での"学び合い"の中で圭さんが自己開示に対して前向きになった様子は、2011年度第2・3回の講座「語りを束ねることで見えてくること―調査をしよう―」でも見

図5-8 「自分にとって大事な学び」というテーマで圭さんが表現したイラスト

受けられた。第2回は、「過去・現在・未来の自分について」というテーマのもと、グループ内で受講生が一人ずつ語る活動が中心だった（ただし、「語らない自由」があることも講師から受講生に対して説明があった）。そして、この回における終了直後のアンケートで、圭さんは「色々な人たちと話ができて楽しかったです。またやりたいです」と記述していた。

　第3回は、「2011年を振り返ったときの自分自身の発見や気づき」についてグループ内で語り合う活動が中心であった。このとき、圭さんは東日本大震災に関する話題を切り出し、「震災のときは仕事場にいた。お風呂を親戚に借りに行ったときに、人とのつながりは素晴らしいと感じた。後世に伝えていかなくてはいけない宝だ」と語った。そして、話題が「障害があるために震災で困ったこと」へシフトするなか、同じグループの学習者が「高校1年生のときに養護学校（特別支援学校）に入って、『なんで私には障害があるんだろう？』と思った」と、自己への"問い"について発言した。それに触発され、圭さんも次のように語った。

　　「障害者と健常者という区切りが好きじゃない。同じ人間なのに
　　なぜ区切るのか。養護学校（特別支援学校）の高等部に入ったと
　　きに、『自分には障害があるんだ』と感じた。友達に自分の障害の
　　ことを話したら、『意外だ』『気付かなかった』と言われた。自分の
　　障害のことを話す友達は見極める必要がある。ひかれたら終わり。
　　『お前はいらない』と言われたこともある。知的障害があって困る
　　のは、好きな物に触らせてくれない、好きなことをさせてくれない
　　こと。就ける職業が狭いこと。掃除とかしかないし、給料も少な
　　い。」

　エピソードを交えながら自身の障害について率直に語る圭さんの姿は、自己開示に対して消極的だったかつての圭さんとは異なるものであった。そして、「同じ人間なのになぜ区切るのか」という発言は、小・中学生まではいわゆる「健常者」として、高校生以降は「障害者」として生きてき

た圭さんから、インクルージョンを目指しながらも未だ多くの差別や排除が起きている現代社会に対する問題提起であったといえる。

2．自身の思いを表現することで視点が広がった森田 恵美（もりた・えみ）（仮名）さん

参加まで

　恵美さんは、参加当時28歳で、学校卒業後、飲食店や事務補助業務を経て、スーパーで一般就労をしている。軽度の知的障害があり、療育手帳（B）を所持している。「杜のまなびや」には発達障害支援センターの職員からの紹介で参加した。

　参加動機に関する事前のインタビュー（表5-4）では、勉強が楽しい、将来の役に立つ、色々な活動ができる、色々な人と話すことができるといった項目が高く、学習やコミュニケーションへの動機付けが高いことが窺われる。一方で、喜ぶ人がいる、他の人から言われたからといった他律的な項目は低く、自己決定による参加を裏付けていると考えられる。

表5-4　事前インタビューにおける参加動機

項　　　目	評定（1〜4）
勉強が楽しいから	3
将来の役に立つから	3
喜ぶ人がいるから	1
他の人から言われたから	2
色々な活動がしたいから	4
色々な人と話したいから	4

評定：4「良く当てはまる」，3「当てはまる」，2「当てはまらない」，1「全く当てはまらない」

「杜のまなびや」への期待

　事前インタビューでは、学ぶことについて、「皆さんいろんな意見を持っていると思う（略）話し合いをして『いい収穫をしたな』（という感覚をもつ）」、参加理由については、「同年代の方とお付き合いがしたい」、

「障害のある方の話をゆっくり聞いてくれるところを探していた」、「障害があると人と違うということで粗末に扱う人がいて、受け入れてくれるところがなかったので、ちょうどよかった」と語っており、自分を受け入れてくれるところで、いろんな意見を持っている人と話し合いがしたいという他者との交流に重きを置いた参加動機を持っていたと考えられる。また、大学に対するイメージについては、「自分の好きな科目を集中的に勉強できる」、「自分も通いたい、羨ましい、色々な可能性を秘めている」、「(大学生の) 皆さんはキラキラして輝いている」といった憧れや羨望が語られた。また、講座中では、「(ディスカッションの内容がまとめられたホワイトボードの) 写真を撮っていいですか？大学に行きます！って言ってたので」という発言も見られ、「杜のまなびや」において、「大学で自分も学べる」ということも恵美さんにとって非常に大きな動機となっていることが窺える。

　この点は第2章で触れられているように、開催場所を東北大学とすることのメリットとして考えられた、学生としての自覚や通学することの意識が芽生えたことと合致するだろう。このように、大学そのものや大学生に対する肯定的感情を抱いている学習者の場合には、「大学で」公開講座を開講するということが参加動機や継続性を高める上で非常に大きなファクターとなっていると考えられる。

講座での学びの様子

　自分の思いを言葉にする：恵美さんは、2009年度の講座「自分の生きざまを語る／他者の生きざまを聞く2」において講師を務めた (図5-9)。2009年度の講座では、「療育手帳を持つことで変わったこと」というタイトルで発表した。発表の中では、「手帳を見せたら周りの人が離れていってしまうかもしれない」といった不安がある一方で、「手帳を取ることで生きやすくなる」、「手帳はパスポート (のようなもの)」といった手帳を持つことに対する葛藤や思いについて語られた。また、「人生はどんな風になるのかわからないから楽しい。自分の弱さを見せるのは勇気がいる

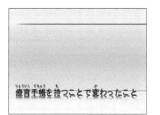

図5-9　2009年度に講師を務めた際に使用されたスライド（筆者が一部抜粋）

ことかもしれないが、自分のことを素直に曝け出した方が生きるのが楽にもなる」といったように自身の障害を周囲に伝えることを肯定的なものとして捉えるような発言も見受けられた。このような発表に対し、ある学習者からは、自身が手帳取得に対して抱いている悩みが発表への感想として語られた。2010年度の講座「自分の生きざまを語る／他者の生きざまを聞く3」では「私の生きがい＝働きがい」というタイトルで発表を再度行い、現在の仕事につくきっかけやそれまでの仕事の内容そしてその仕事から学んだことについて発表を行った。

　2010年度に発表を行った理由として1回目の感想文のまとめを読み、発表で自分の自信に繋がったと感じたからと語っており、特にこのような自己表現の場が恵美さんにとっては、参加初期における講座への動機付けの一部となっていると考えられる。特に2009年度の発表に対する恵美さん自身の感想として、「やってよかった」、「誰かの辛い気持ちや悩みについて力になりたいという気持ちで始めた。ほかの受講者から質問があって自分が発したことをきっかけにその悩みや苦しさを言ってくれてよかった」と語られ、自分が表現したことが他者の中にどのような気

持ちや想いを巻き起こしたのかということについて体験的に理解することができたと考えられる。

　これはまさに学び合いだろう。他の受講者においては恵美さんが語った思いや葛藤を自身のこととして学び、そしてその中から悩みや疑問点が生じている。それに対して恵美さん自身は、その他者の中に生じた悩みや疑問点を受け止めることにより、自身の表現したことが他者にどのように残っていたのかということについて深く学ぶことができたと考えられる。

　視点の広がり：2009年度に講師を行なった際、上述のように、恵美さんは療育手帳を取得することをパスポートのようなものと表現した。これは、療育手帳が自身の特徴を説明するものであり、それを持って新たな環境に身を置くことを意図した比喩であり、「パスポートは海外に行くときに使う言葉なので、その言葉を使って自分の気持ちを表現しようと思いました。」と語った。また、他の受講生の様子や自身の講義への感想から、恵美さんは、「"パスポート"という言葉で自分では通じると思っていた。でも相手にとっては確かに何？っていう感じでそれに詳しい説明が必要だと気づいた。」と自身の伝えたい意図が十分に伝わっていなかったことを理解した発言がみられた。このことは、本章第3節において触れられた「自分と他の人との意見・考えの違いを考えるようになった」という項目と関連が深く、他の受講生からの感想というフィードバックによって、意見・考えの相違に対する理解が促進されたと考えられる。

　また、2010年度の講座終了後のインタビューにおいては、「みんなとの意見の発表会みたいなことを増やして欲しいです。常日頃生活していてどんなことを感じていて、どんな風に周りの人に支援を受けているかなど。特にAさんとBさん。」と語られている。ここで挙げられている2名は共に、2010年度の「自分のいきざまを語る／他者の生きざまを聞く3」において、講師となり、いずれも自身の仕事について講義を行っている。恵美さんへの終了後インタビューにおける上記の発言は、他者がどのような生活を送っているのかという点に対する興味の広がりと位置付ける

ことができるだろう。

　上述のように、2009年度に初めて講義を行った際には、他者の講義に触れるような感想は語られず、自身の思いを表現すること、またそれに対する他者からのフィードバックによる、いわば自分と他者との対話により、自身の思考の中に他者の視点を取り入れるという意味での視点の広がりであった。これに対し、2010年度の変化は、他者を自分とは異なる主体として体験的に理解し、障害という自身との共通性の中で、その他者が支援を受けながらどのように生活しているのかという疑問が湧いている。このような変化は、自身について語るだけでなく、他者のことについて聞くといった学び合いによって促されたと考えることができ、自己表現の場を保障することによって学びが促進されたといえるだろう。

　知識的理解と体験的理解が討論でつながる：2014年度の講座「就職活動の隠れたしくみ」（図5-10）では、人的資本と社会ネットワークという2側面から、現代の就職活動について社会学を専門とする講師による講義が行われた後、自身の就職・就職活動についてのグループ討論が行われた。恵美さんは、自身が就職に至るまでのエピソードの良い面として、「就職するまえに事前に実習に行けて（略）いきなりポンと（職場に入って）仕事をするより、ある程度練習して入った方が（略）頭と体に叩き込めるのでよかったです」と語った。このような発言は、「仕事をする力が上がった人に会社は働いてもらいたい」という人的資本という考え方を表している。一方で、現在の職場の悪い面として、コネで入った同僚の態度が悪く、非常に不満を抱いていることを語った。コネとはまさに、「ちゃんとした人の紹介なら、会社も安心して働いてもらえる」という社会ネットワークによる就職であり、講義内容に即した内容を実体験に基づいて語る姿が見られた。しかし、この時点では、恵美さんは自身のエピソードを"人的資本"や"社会ネットワーク"といった講義で紹介された概念で説明はしておらず、討論司会者が講義資料を見せながら、「そうすると、さっきの社会ネットワークという考え方は…」と講義内容と関連づける発言を行うと、恵美さんは、「なんか（講義の）記憶が蘇ってき

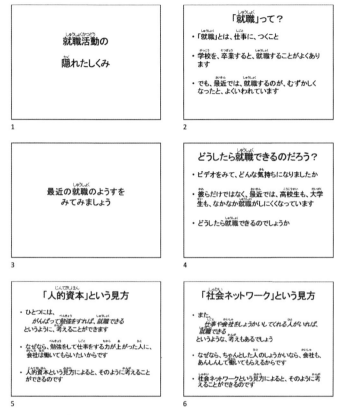

図5-10　「就職活動の隠れたしくみ」授業スライドの一部（筆者が一部改変）

た。私は（社会ネットワークの考え方は）納得いかないです。（略）ちゃんとした人からの紹介だから安心っていうよりは、ちゃんとその人のことを見極めてやればいいんじゃないかと思う」と、講義で紹介された2つの概念に対する自身の考えを明確に発言している。さらにその後、共同学習者から、「社会ネットワークっていう話は、（本来は問題のある人は）選ばれなくなるから、コネクションが悪いわけではないけど、地位を利用して就職してくる人を選り分けられないところはありますね」という発言があった。この発言に対し、恵美さんは「みんなの意見を聞いてい

ると、（社会ネットワークを使ったとしても）いい人もいれば悪い人もいるということは分かります」と、自身の同僚という特定の対象を離れて、社会ネットワークに関するより包括的な理解を示した。このようなエピソードの背景には、知的障害における認知的な特性として、学習によって得た知識が断片的になりやすく、実体験との結びつきが弱いことが挙げられ（文部科学省, 2009）、一方向的な知識教授に加えて、討論などの双方向的なコミュニケーションの中で、実体験と知識的な理解を丁寧に結びつけていくような関わりにより、理解が促されたと考えられる。

　恵美さんは、「杜のまなびや」に対し、同年代とのコミュニケーションや自分の話を聞いて受け入れてくれるところを期待していた。このような参加動機に対し、参加初年度の講座において、自分の思いを表現する講師を務め、そのことに対して他者からフィードバックが得られたことは、自身が受け入れられていること、自己表現の成功体験として捉えられ、継続参加の動機の一つとなったと考えられる。この点は、受講後の感想として、恵美さんが「『杜のまなびや』は私の一番好きな場所の一つです」というメッセージにも反映されていると考えられる。また、受講生同士の自己表現の場を保障することにより、各回のグループ討論という場のみならず、「杜のまなびや」全体が学び合いの場として機能し、学習者の視点の広がりや体験的理解を促すことが可能になるだろう。

3.「自分の意思」を大切にしている衣倉 唯（いくら・ゆい）（仮名）さん

参加まで

　唯さんは、中学校（特殊学級）卒業後、職業訓練センターに通った後、クリーニング・大学の清掃・パン製造・市役所等の仕事を経て、21歳から大手服飾メーカーに勤務している。初回参加時25歳である。軽度の知的障害がある(療育手帳B)。「雑貨や服を販売するようなお店をもつこと」、「障害のある人をサポートして、その人もそして自分自身もお金を稼ぐことができるような仕事がしたい」という夢を持っている。

　休日に参加している市の発達障害支援センター主催のサークルの職員
から、「いい勉強になるから」とすすめられ、「現在の仕事に就くまでに何
度も面接を経験し断られるのが嫌だから勉強したいなあと思って」「高校
も大学も行っていないから大学に来るのが楽しみ」と、「杜のまなびや」
への参加を自分の意思で決めた。2006年第1回の「杜のまなびや」に参加
し、その翌年には、親から「去年も勉強したから、また行かなくてもい
いんじゃないか」と言われたが、「それを押し切って参加を決め」、以降
2016年第11回まで継続して参加している。本章第1節で学習者の学び
を促進する要因は何かにふれてきたが、最も前提となるのは、あまり積
極的ではない親の意向とは異なっても「それを押し切って」自分が参加す
ることを決めてきたという意思決定過程ではないだろうか。これが、そ
の後の学びをより促すこととなっていったと思われる。

　毎回講座開始前に、参加動機についてインタビューを行った結果は、
表5-5に示す通りで、この動機の程度については、毎回同様であった。
自分の意思で参加を決定したことについては、「喜ぶ人がいるから」「他
の人から言われたから」の項目が1点であることからもみてとれる。

表5-5　事前インタビューにおける参加動機

項　　目	評定（1〜4）
勉強が楽しいから	4
将来の役に立つから	4
喜ぶ人がいるから	1
他の人から言われたから	1
色々な活動がしたいから	4
色々な人と話したいから	4

評定：4「良く当てはまる」，3「当てはまる」，2「当てはまらない」，1「全く当てはまらない」

　また、このインタビューでの「学ぶとは何ですか？」の問いには、「自
分の力で考えたりとか能力をプラスにしていろんな仕事とか役に立てる
ようなこと」「初めて聞いたり勉強すること」と答えていた。

「杜のなまびや」への期待

　「職場の人たちとお仕事以外で遊んだりは、無いからそういうものを作りたい」、「病気（おそらく知的障害のあるひとのことを指していると思われる）のない普通のひとたちと接するのが楽しみ」と、共同学習者との関わりを中心とした人間関係の広がりを楽しみにしているようであった。その一方で、「大学生と交流するのは怖い、初めてなのでなじむか心配」「自分のことを聞いてくれる人がいるのか心配」と、共同学習者との出会いに対する不安も語っていた。「大学とはどんなイメージですか？」の質問には、「自由で、夏休みも冬休みもある」「勉強したり遊んだり部活動とかするところ」とのことであった。

　あらかじめ講座内容にもしっかりと目を通し、「講義のタイトルが楽しそうだった。どんな講義になるのか、どんなことをやるのか、興味をもった」と、内容自体への期待も高かった。また、討論をしたり発表の機会が設けられているという講座スタイルについても、「自分のことや自分の知っていることを人に話すのが楽しみ」「調べるのもあるし自分の意見も言える」と、講師からの話を聞くだけではなく、自分からも意見等を発信する双方向的なやりとりのなかで学びの場が設定されていることへの関心もうかがえた。

　スタッフへのニーズとして、「重度の人とかは自分では何もできないけど、多分こうしてもらいたいとかは思っているから、そこのところの気持ちを大学のひとたちにはわかってほしい」と、学習者と共同学習者をつなぐ役割をスタッフに求めていた。その背景には、「ピアカウンセラーっていう、障害の人たちの仲間みたいな話し合い」の場で、障害のあるひとのニーズを聴くボランティアをしていることがあるとのことであった。

講座での学びの様子

　自分の意見をひとに伝えたい：唯さんは、参加動機のなかにも「自分の意見を言える」ことを挙げており、積極的に発言をしていた。それぞ

れの価値観のなかで大切にしているものもそれぞれ違うという話題のなかで、講師から「自分にとって大事なことはなんですか？」と問われると、唯さんは差し出されたマイクを握り、「健常者と障害者を、なんていうんだろう、、差別しないような、サークルというか、仕事でも相談ですけど、そういうのを作ってもらえるような、、自分でやりたいと思っています」と答えた（2006 年度講座「外国に生きる子どもたち」）。自分の夢をこのように人に語ったことはそれまで数少なかった。そして、「自分の意見がだんだん言えるようになってきた」と自身のことを描写していた。2008 年度講座「自分の生きざまを語る／他者の生きざまを聞く」では、「就労について仕事に就くまでの流れを知ろう！」というタイトルのもと、17 歳からの就労の経歴を受講生全員に対して紹介している。

　自分について考える：2008 年度の発表では、事実を時系列に並べて自分の経歴を伝えるにとどまっていたのが、続く 2009 年度講座「自分の生きざまを語る／他者の生きざまを聞く 2」では、その時々の自身の思いを語った。「自分の仕事を振り返って」というテーマで発表し、その最初に「わたしの人生グラフ」を紹介した。図 5-11 は学生スタッフとともに作成した発表資料の一部である。横軸は 16 歳から現在までの時間軸、縦軸は“つらい”“たのしい”の軸からなり、自分自身の気持ちを振り返って生きざまを発表していた。「友達にも相談できず」一度仕事をやめたこと、その後夜中 12 時まで働かされて「すごくつらかった」が「店長に家まで送ってもらって少しうれしかった」こと、そして、それまで倉庫の仕事だったが、上司にある日突然店舗にでるように指示をされて「びっくりした」が、そのときの自分を奮い立たせた思いは、「職場の人を信じていたこと。お客さんに何か言われて困っても、職場の人がきっと助けてくれると信じていたこと」であった。それが、新しい一歩を踏み出す勇気になっていたということを振り返る内容であった。

　自分の意思でやりたいことが大事：自分を語るということは、言葉にしていったん自分の外に自分をおいてみるということでもある。したがって、自分を語ることで自分への洞察が深まっていく過程ともいえる。

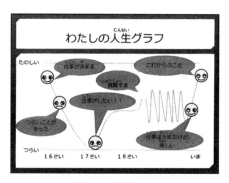

図5-11　人生グラフ

唯さんも、自分の意見をいうなかで、「自分の人生は療育手帳をとったところから始まった」と、自分が手帳をもつことになったことへの憤りとともに語られ、「障害者だと思われるのがいやだったので」ジョブコーチと一緒に働くことを断ったというエピソードが、当時渦巻いていた戸惑いとともに語られた。そして、自分の仕事を選択していく過程の話しでは、受講生へのメッセージとして「自分の意思でやりたいということが大事です」と言い切っていた。講座のなかでの自分の意見の表明は、自分の気持ちに対峙し自己理解を深めていったり、自分が大切にしている思いの輪郭をクリアにしていくプロセスでもあった。

　ひとと違うことがおもしろい：「杜のまなびや」が「自分の意見を言える」場だから参加したという唯さんの動機のもと、唯さんは自分の様々な思いを語っていき、2013年度には「自分の考えをもっと伝えたい」と語った。同時に、受講生の多様思いにも触れ、「いろんなひとの体験を聞けたのがよかった」「（ひとの意見が）ちがうことがおもしろかった。もっと勉強したいです」という感想を述べている（2103年度）。本章第2節で、受講生同士の協働を通した対話的な学びが学習意欲の高まりを促したことにふれてきたが、上述の唯さんの言葉はまさにこのことを示している。唯さんは、講座のなかで意見や体験を伝えあい、その多様性から学び合うことへの大きな喜びが、毎回の受講へのモチベーションであったといえるだろう。

　実際の討論の様子について、「こころってなんだろう」の講座（2014年度）での例を紹介する。図5-12は講座資料である（筆者が一部改変）。講義のはじめに、たくや君としずかちゃんのプロフィール（性別・仕事・特技・出身地）が紹介され、このふたりが登場する「少し不思議な交通事故」として、事故で死亡したしずかちゃんから、たくや君へ角膜・心臓・脳を移植されるというストーリーが紹介される。そして、「あなたはだれ？」「出身はどこ？」「仕事は何？」等の質問をうけたたくや君は、なんて答えるだろうか等の問いのもと、受講者が議論するという講座の流れである。この時の議論の一部を、表5-6に示している。表には、唯さんが、からだと脳を分け、たくや君としずかちゃん両方が生き残る意見から、受講者との議論を経て両方の人生は終わり新たに人生が始まるという意見になっていくやりとりを記している。講師がねらっていた学習目的に示されているとおり、これらの議論を通して、生物-心理-社会のなかで「こころとは何かを考えるプロセス」を体験する場となっていたといえるだろう。

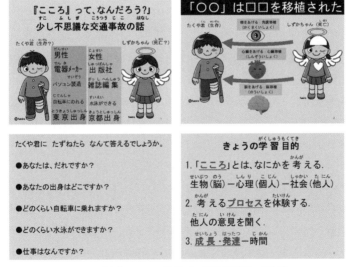

図5-12　講座『こころって何だろう』資料（筆者が一部改変）

表5-6　議論でのやりとり

発言者	発言の内容
司会	たくや君はどのように生活するんだろう？
唯	（真っ先に手を挙げて）体は男性なんで電気メーカーの会社に行く。でも、頭の脳は、出版社なので、間違えて書類書いてる。
共	体は出勤。でも書類は逆。
学	器用だなあ。
共	じゃあ、どっちも残っている？
唯	そう、そう、そう！
共	脳はしずかちゃんだから出版社に行くでしょ。
学	周りがびっくりするね。
唯	近い方の仕事に行く
司	‥ってことは、両方の仕事を知ってるってこと？
学	どっちも知っている感じ。どっちも残る。
司会	唯さんと同じ意見？
学	職を変える
唯	それ、一番、ありそう！
学	生きてた人生は終わった。別の人間になった。
唯	すごいこというね。
	（この後、「一体死んだのはだれなのか？」等の議論に発展する）

唯：衣倉唯さん　司：司会　共：共同学習者　学：学習者

　ひととの違いが知的好奇心や深い思考への志向性につながっていたことは、表5-7の数字にもあらわれている。2012年度の講座開始前と開始後とをそれぞれ10点満点で自己評定した結果を比較したものである。「興味あることは、最後まで調べたい」（前2点→後9点）、「勉強したことを身のまわりのことに結びつけて考える」（前3点→後9点）、「勉強したことが正しいかいろいろ考えてみる」（前0点→後9点）、「勉強したことを、ふだんの生活のなかで使ってみる」（前0点→後4点）、「自分から進んで学んでいる」（前2点→後9点）は、前後でポジティブに変化した項目であった。これらの変化は、本章第3節で、学習者の学びが日常生活においても活かされてきたこと、新しい知識や社会への関心に主体的に関わっていこうとすることについて述べてきたことである。

表5-7　日常生活における意識や態度（2012年度講座受講前後の変化）

		前	後
知的好奇心	自分の知りたい気持ちを満足させたい	7	9
	いろんなことについてもっと知りたい	7	9
	面白いと思うことなら、なんでも学びたい	9	9
	興味あることは、最後まで調べたい	2	9
	本や図鑑、新聞などは、できるだけたくさん読みたい	3	6
深い思考	勉強したことを身のまわりのことに結びつけて考える	3	9
	勉強したことを自分や周りのひとに当てはめて考える	3	7
	勉強したことを生活のなかで、繰り返し思い出す	3	4
	勉強したことが正しいかいろいろ考えてみる	0	9
	勉強したことを、ふだんの生活のなかで使ってみる	0	4
積極欲求	自分で目標を決め、それに向かってがんばっている	9	9
	将来のために、自分で計画をたて、勉強をしている	9	9
	自分から進んで学んでいる	2	9
	いつも全力でチャレンジしている	9	9
	わからないことは最後まで調べる	5	4

　以上のような唯さんの学びに対する変化をみると、「杜のまなびや」では学習者と共同学習者の受講生どうしの"学び合い"を大切にするというコンセプトは、唯さんと共有できていたといえるだろう。図5-13は、"自分にとっての大事な学び"をテーマとした講座において（2008年度）、「自分の未来について」というタイトルで、「ボランティアやヘルパーさんやたくさんの人のささえる人」に支えられて「自分」がありそこに「自分の夢」をおいていることを示している。そして、その夢については、次のように記している。

　　しょうがいしゃやけんじょうしゃがいっしょにいられる店やのみやや自分の家や学校がえらべるかつどうがふえるようなじだいにしたい

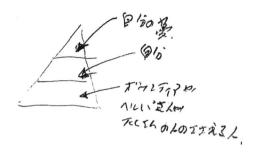

図5-13 唯さんが表現した「自分の未来について」

　この唯さんの言葉は、「杜のまなびや」でねらってきた"学び合い"が、ひととの違い・ひとの多様性に関心を持ち、障害の有無にかかわらずともに生きるインクルーシブ社会に通じるものであることを物語っているのはないだろうか。

第6節　本章のまとめ

　本章では、「杜のまなびや」に参加した学習者の学びについてまとめた。「杜のまなびや」は、大学の持つ専門性を活かして講師の専門性から教養に焦点化して講座を展開し、学習者と共同学習者はともに学ぶ立場として講座に参加している点が大きな特徴であった。学習者は、講座の内容に難しさを感じつつも、その内容に対して学びを深め、新たな知識を得ることができたことが明らかになった。この背景には、見通しを持って受講できるよう、説明、体験、討論、まとめなど講座の構成や討論課題の設定の工夫が考えられたほか、受講生同士の"学び合い"が大きく寄与したことが考えられた。そして、一部の学習者においては、"学び合い"を通して、自分自身に関する理解を深めたり自分の目指す姿を自覚したりといった、「自分自身への気づき」に繋がっていることが示唆された。また、積極的に自己開示するようになった圭さん、自身の思考の中に他者の視点を取り入れるようになった恵美さん、ひととの違い・ひと

の多様性に関心を持つようになった唯さんなど、「杜のまなびや」への参加が学習者の意識・行動に様々な肯定的変化をもたらしていることも明らかとなった。

　近年、障害者の生涯学習が強化・拡充されている中で、学習の機会や多様なプログラムが提供されるようになってきている。「杜のまなびや」からの知見は、講座の題材や構成の工夫など、参加者の学びを効果的に促すプログラムを考案し充実させることに大きく貢献するものと考えられる。また、「杜のまなびや」の学習者について、講座での学びがその後の生活に肯定的な意識変化を与える点が明らかになった点は大きい。生涯学習で学んだ経験が価値観の変化を促し社会への関心や生活改善の意欲が高まるなど生活全般に対する意識変化に繋がり、その結果、生活や人生が豊かになる。生涯学習における学びがその契機になり得ることは、生涯学習の持つ大きな意義であると考えられる。

【引用文献】

平井　威 (2006) 知的障害者の生涯学習支援. 発達障害研究, 28, 202-207.

文部科学省 (2009) 特別支援学校学習指導要領解説　総則等編 (幼稚部・小学部・中学部).

文部科学省 (2018) 特別支援学校学習指導要領解説　各教科等編 (小学部・中学部).

武蔵博文・水内豊和 (2009) 知的障害者の地域参加と余暇活用に関する調査研究. 富山大学人間発達科学部紀要, 3 (2), 55-61.

永瀬　開・野崎義和・横田晋務・松﨑　泰・南島　開・小野健太・菅原愛理・井澤仁志・関根杏子・富田有紀・平野弘幸・李　煕馥・川住隆一・田中真理 (2014) 知的障害者における生涯学習体験が日常生活に与える影響─知的障害者・大学生共同参加型オープンカレッジにおける学習体験との関連─. 教育ネットワークセンター年報, 14, 47-57.

岡野　智・鈴木恵太・野崎義和・川住隆一・田中真理 (2010) オープンカレッジにおける知的障害者の生涯学習支援に関する意義─受講生の家族へのインタビューを通して─. 東北大学大学院教育学研究科教育ネット

ワークセンター年報, 10, 27-36.

大内将基・杉山　章・廣澤満之・鈴木恵太・北　洋輔・田中真理・川住隆一 (2007) 知的障害者および学生におけるオープンカレッジの意義―東北大学オープンカレッジ「杜のまなびや」を通して―. 教育ネットワークセンター年報, 7, 12-22.

杉山　章・滝吉美知香・野崎義和・鈴木恵太・北　洋輔・田中真理・川住隆一 (2008) オープンカレッジにおける知的障害者と大学生との共同学習―話し合い場面における発話率の分析を中心に―. 教育ネットワークセンター年報, 8, 13-24.

鈴木恵太・杉山　章・野崎義和・滝吉美知香・岡野　智・横田晋務・鈴木徹・齋藤維斗・新村享子・新谷千尋・川住隆一・田中真理 (2010) オープンカレッジにおける知的障害者の生涯学習支援の取り組み―"学び"に対する受講生の評価―. 東北大学大学院教育学研究科教育ネットワークセンター年報, 10, 15-25.

中央教育審議会 (2016) 幼稚園、小学校、中学校、高等学校及び特別支援学校の学習指導要領等の改善及び必要な方策等について (答申).

第6章　共同学習者の学び

　「杜のまなびや」では、「支援する人 - 支援される人」という固定的な枠組みではなく、共同学習者として大学生や大学院生が知的障害のある受講生と学ぶことが特徴の一つであり、そのコンセプトの確立までの経緯については第2章で詳細に説明されている。では大学生や大学院生は実際にどのような動機に支えられ「杜のまなびや」に共同学習者として参加したのだろうか。そして何を学んでいたのであろうか。学習者の学びの内実について紹介した第5章に続き、本章では共同学習者がどのような学びを得ていたのか、インタビューデータからその一端を紹介する。

第1節　共同学習者は知的障害者との学びから何を学ぶか

　障害の有無にかかわらずともに学ぶ際に期待されることは、多様性への理解が深まることや、多様な背景を有する者たちで問題解決のために学び協力する経験を積むことがあげられるであろう。例えばインクルージョン教育と非インクルージョン教育を受けた児童・生徒を対象とした比較研究や、授業など設定場面の交流前後における対象者の変化を調査した研究からは、障害のある者への態度が肯定的に変化したといった形で効果が報告される（例えばLeroy & Simpson, 1996）。ただし、こうした変化は授業や交流の質に大きく媒介される（米倉，2015）。単に交流をすれば関係が良好になるという想定は楽観的であり、当然ながら授業や交流がうまくいくかどうかが児童・生徒の変化に影響するということである。

　大学においてはどういった交流があるだろうか。大学生の態度変容を検討する研究は実習場面や講義などのプログラムでのものが多い（例えば田中・須河内，2004; Rillotta & Bettelbeck, 2007）。しかしオープンカレッジのようなともに学ぶ講義場面での交流についてはあまり多くがわかっ

ていない。

　海外での研究報告では、May（2012）が大学1年生を対象として、知的障害のある学生を含むグループで講義を行うインクルーシブ群と、知的障害のある学生を含まないグループで講義を受けたコントロール群で、多様性への志向性がどう変化するかを検討している。そして、インクルーシブ群ではコントロール群と比べて異なった背景を持つ者へのポジティブな感情や、そうした者と交流しようとする傾向が肯定的に変化していたことが報告されている。共同学習という形ではないが、本邦の知的障害者が参加したオープンカレッジの実践からは、運営等に関わった大学生へのインタビュー結果がいくつか報告されており（廣森・山内，2009；淀野・永須・竹内，2012）、大学生が知的障害者とのコミュニケーションを通じて彼ら/彼女らの多様性に気づき、具体的なコミュニケーションの取り方や支援の仕方、具体的なプロジェクト運営について学んでいたことが報告されている。これらの報告からは、大学において障害の有無にかかわらずともに学ぶことで、大学生が「多様性の理解と尊重」「知的障害者の生涯学習機会の保障」といった抽象的な理念の理解を深める契機となり、また実際的な交流行動の増加につながっていく可能性があることが示されている。

　以上のように大学での共同学習に関する研究が少しずつ蓄積されはじめている。しかしながら、参加した大学生に生じる変化に実際の交流の質が影響することを鑑みれば、「杜のまなびや」の実践に関して共同学習者が感じた交流の質と、受講によって生じた変化を整理することは有用であると考えられる。

第2節　共同学習者はなぜ「杜のまなびや」に参加したのか

　「杜のまなびや」において共同学習者は学習者と対等な立場で学ぶ存在として位置付けられているが、実際の参加動機については明確に把握されていなかった。そこで、参加動機について2012年度の「杜のまなび

や」に参加した共同学習者10名に対して調査が行われた（松﨑・野崎・横田・永瀬・南島・小野・後藤・菅原・平山・川住・田中, 2013）。対象となった共同学習者10名のうち3名は過去に「杜のまなびや」への参加経験があった。

　大学生共同参加型オープンカレッジ自体が少数であったため、共同学習者の参加動機については不明な点が多く、したがって半構造化面接を通じて探索的に調査が行われた。参加動機について、質問内容は生涯学習に関する動機の構造についての先行研究（浅野, 2002）を参考に以下の通りに設定された。すなわち①「どんな理由で杜のまなびやに参加しましたか？」、②「杜のまなびやに参加する人との出会いについて、どのような期待や考えがありますか？」、③「杜のまなびやで学ぶことで、どのようにあなたの視野や考え方は広がると思いますか？」、④「あなたの日常と、杜のまなびやでの学びについて、どんなことが関連しそうだと考えていますか？」、⑤「杜のまなびやで学ぶことにより、あなたの専門性はどのように深まりそうですか？」、⑥「今まで話したことの他に、特に杜のまなびやでどんなことが学びたいですか？」であった。これらの質問への回答について必要に応じて追加質問を行った。

　結果として、この年の共同学習者10名全員が教育学部・大学院教育学研究科の所属であったこともあり、交流を通じて知的障害のある者について知りたい、専門性を高めたいという動機の者が多かった。講義内容そのものへの興味について言及していた者もいたが、1名のみであった。以下では多く得られた言及を6つに分類した結果（表6-1）について概要を述べていく。なお、各分類内のサブカテゴリーを［　］、発言を「　」で囲んで表記する。また混乱を避けるため、カテゴリー名の一部を原論文の表記から変更し本書全体の表記と揃えている。当該箇所については脚注で示している。

表6-1　共同学習者の参加動機の分類とサブカテゴリーの例

分類	サブカテゴリー
A.　受講生とのコミュニケーション	a.　コミュニケーションの楽しさ b.　みんなに会いたい c.　ディスカッションへの期待 d.　対等な立場での話し合い
B.　学習者とのコミュニケーション	a.　大人の障害者との出会い b.　大人の障害者との関わり c.　当事者の人に話を聞く
C.　学習者以外との関わり	a.　オブザーバー・スタッフとの関わり b.　興味ある学生との出会い
D.　障害についての考えの深まり	a.　新たな視点の獲得 b.　価値観の広がり c.　障害者へのイメージの変化
E.　自身の先行分野の知識の深まり	a.　専門性を深めるためのコミュニケーション b.　障害についての自身の学び c.　経験知 d.　学習意欲・社会参加 e.　就労の知識 f.　就労の話を聞く g.　自身の研究
F.　自分の将来に対する意識	a.　自分自身の働くことへの意欲 b.　知識を将来に生かすことへの期待

　6つの分類とは、A.　受講生とのコミュニケーション[1]、B.　学習者とのコミュニケーション[2]、C.　学習者以外との関わり[3]、D.　障害についての考えの深まり、E.　自身の専攻分野の知識の深まり、F.　自身の将来に対する意識であった。

1　松﨑ら（2013）における「参加者とのコミュニケーション」
2　松﨑ら（2013）における「成人の障害者とのコミュニケーション」
3　松﨑ら（2013）における「障害者以外との関わり」

表6-2　A．受講生とのコミュニケーションに関する動機

サブカテゴリー	言及例（原文ママ）
a．コミュニケーションの楽しさ	楽しくコミュニケーション出来ればいいなと
b．みんなに会いたい	定例出席じゃないけど、まぁ、同窓会みたいな感じっすよ
c．ディスカッションへの期待	人の意見を聞くのがすごい好きなので、講義を受けた中で、そういう意見が出てくるかなっていうのが楽しみです
d．対等な立場での話し合い	支援する側でなくて、彼らと対等な立場で、一緒の学生で関わって話し合いをして一つのものを作っていくのが（略）自分の一つの経験としてとか、自分の考えを広げたりとかっていう意味ですごい有意義な場所なのかな

　A．受講生とのコミュニケーションは、受講生との出会いややりとり、そしてそこから得られる学びに動機付けられていたと考えられる言及であった（表6-2）。しかし、やりとりの対象は必ずしも固定的でないことが分類BやDとの違いである。例えば「楽しくコミュニケーション出来ればいいなと」といった［a．コミュニケーションの楽しさ］や、［b．みんなに会いたい］、［c．ディスカッションへの期待］といった、参加して他者と交流・議論をすることへの全般的な期待があげられた。運営側が意図していた共同学習者と学習者との［d．対等な立場での話し合い］については、例えば「支援する側でなくて、彼らと対等な立場で一緒の学生で関わって話し合いをして一つのものを作っていくのが（略）自分の一つの経験としてとか、自分の考えを広げたりとかっていう意味ですごい有意義な場所なのかな」という言及が得られた。

　B．学習者とのコミュニケーションには学習者とのコミュニケーションやそこから得られる学びを明確に志向した言及が含められた（表6-3）。特に、学習者が成人であったということもあり、共同学習者が普段あまり出会ったことのない［a．大人の障害者との出会い］や［b．大人の障害者との関わり］から何かを知りたいという言及である［c．当事者の人に話を聞く］が多くみられた。

表6-3　B.　学習者とのコミュニケーションに関する動機

サブカテゴリー	言及例（原文ママ）
a.　大人の障害者との出会い	障害のある大人の方なので、普段生活してたら絶対出会えない
b.　大人の障害者との関わり	年上の知的障害者を持った方と関わる機会が少ない
c.　当事者の人に話を聞く	支援者としてではなくて、1人の友達としてお話してくれてるので（略）友達としてぶっちゃけたことを言ってくれるっていうのが、そういったことで彼女たちの抱えていることを知れるっていうのは1つの広がりなのかなと

　C.　学習者以外との関わりには保護者やスタッフといった［a.　オブザーバー・スタッフとの関わり[4]］や、似た興味関心の参加者との出会いを志向する［b.　興味ある学生との出会い］が含まれた（表6-4）。
　D.　障害についての考えの深まりには知的障害者と話し合うことによる［a.　新たな視点の獲得］や、［b.　価値観の広がり］、あるいは［c.　障害者へのイメージの変化］といったものが含められた（表6-5）。

表6-4　C.　学習者以外との関わりに関する動機

サブカテゴリー	言及例（原文ママ）
a.　オブザーバー・スタッフとの関わり	障害のある人たちの周りにいらっしゃるご両親とか、スタッフさんとかがどういう人なのかを知りたい
b.　興味ある学生との出会い	大学生も障害に興味を持った大学生が参加すると思うんで（略）そういう人たちとの出会いも楽しみです

4　松﨑ら (2013) における［関わり手との関わり］

表6-5　D．障害についての考えの深まりに関する動機

サブカテゴリー	言及例（原文ママ）
a．新たな視点の獲得	例えば知的障害の方と意見交換することによって、自分の考えてもいなかったようなことが、聞けたりしたら、そういうことにも興味がいく
b．価値観の広がり	普段は議論というか話を交わすのは、主には大学の同じ授業を学んでいる人とか多いですけど、そういう方とは全く別の、僕とは違う環境で生活している方との交流ですので、違った価値観をお持ちの方とかと話をすれば、視野が広がると思います
c．障害者へのイメージの変化	具体的なイメージを持てるのは大きい。一緒に話し合い、語ってもらうこと。思っているイメージとずれていることもあるので、勉強になる

　E．自身の専攻分野の知識の深まりには、共同学習者の現在の専攻や将来の進路に関わる知識の深まりを期待した言及が含められた（表6-6）。特別支援学校教員など、目指す進路に関する［a．専門性を深めるためのコミュニケーション］や、現在受講している大学の授業あるいは自身の研究テーマについての理解を深めるための［b．障害についての自身の学び］や［c．経験知］、［g．自身の研究］は大学生ならではの動機といえるかもしれない。また広い意味で学習者の生涯学習や社会参加、就労の様相についての学びを期待する［d．学習意欲・社会参加］や［e．就労の知識］、［f．就労の話を聞く］が含まれた。

　F．自身の将来に対する意識には、就労している学習者の話を聞くことで［a．自分自身の働くことへの意欲］について高めようという言及や、［b．知識を将来に生かすことへの期待[5]］という言及が含められた（表6-7）。

5　松﨑ら（2013）における［将来的な日常に生きそう］

表6-6 E. 自身の先行分野の知識の深まりに関する動機

サブカテゴリー	言及例（原文ママ）
a. 専門性を深めるためのコミュニケーション	これから教員として、普通学校とか特別支援学校、特別支援学級とかやっていく中で（略）その人たちがどういう生活を送っているのかを知りたいっていうのが、出会いの中で期待していることです
b. 障害についての自身の学び	授業を受ける上でも参考になるかなと思ったから
c. 経験知	障害のある人とない人がともに学ぶことについて研究してて、それを自ら体験できているっていうことでは体験者として（略）研究に関する経験知として高くなるっていう風に思います
d. 学習意欲・社会参加	障害を持つ人の学習意欲、後は社会参加とかについても学べるのかなと思います
e. 就労の知識	障害者関係全般もそうだが、就労、余暇について特に専門性が深まりそう
f. 就労の話を聞く	これまで小学生とか高校生とかとは接してきたけど、その子たちがどうやって働いているか、とかが一番強いので
g. 自身の研究	研究のテーマが障害者関係のことをテーマにしているので、そういった意味で自分の研究との関連性はあるかなって思います

表6-7 F. 自身の将来に対する意識に関する動機

サブカテゴリー	言及例（原文ママ）
a. 自分自身の働くことへの意欲	みなさん働いていらっしゃるんで、社会人の先輩として俺も早く働きたいなって気になります
b. 知識を将来に生かすことへの期待	将来、特別支援学校の先生を考えていて（略）障害のある方がこういう風に卒業後生活するっていうのが、なかなかイメージ湧かなかったので、そのイメージが湧くっていう意味では関連があるのかなって

　以上「杜のまなびや」に参加した共同学習者の参加動機について述べてきた。参加動機は、分類A・B・Cのような参加者とのコミュニケーションに関わる側面と分類D・E・Fのような障害への洞察や自分の知識

の深まりを期待する側面の2つに大きく分かれ、前者から後者につながるといった構造であったと推察される。すなわち学習者やスタッフ、オブザーバーとのコミュニケーションを通じて教育や研究といった自分の将来に関わることとして、知的障害のある成人についての学びを得たいと期待する者が多かったようである。

第3節　共同学習者の困りの変化

　上述の通り、共同学習者の参加動機の中でも学習者、共同学習者、スタッフやオブザーバーといった参加者とのコミュニケーションは大きなウェイトを占めていることが示されている。「杜のまなびや」には討論のような共同学習者や学習者のコミュニケーションの成否にその学習内容が委ねられる活動が多く含まれていた。そのため受講生間でコミュニケーションに困りがなかったかや、講義内容は理解できたかどうかについて各回終了後にアンケート調査を行っていた。図6-1は2006年度のアンケート調査の「困ったことはありましたか？」という質問の結果である（鈴木・大内・廣澤・笹原・中山・半澤・中村・川住，2007）。第1回では共同学習者の困りがあったが、回を重ねるにつれ困ったことが減少していくことがわかる。自由記述では、「初めての方で、どう接したらよいかわからなかった」や「どのような話をすれば、分かりやすく伝わるだろうか、自分の話した内容がちゃんと伝わるだろうか、分かってくれるだろうか、といった不安がありました」という回答があり、共同学習者の困りの原因は主に学習者とのコミュニケーションへの不安にあったことがわかる。しかし、試行錯誤の中で共同学習者と学習者の関係性ができてきたのか、第3回終了時点で困ったことがあった共同学習者は存在しなかった。共同学習者が受講生やスタッフ、オブザーバーとのコミュニケーションを通じて学びを得るという動機を有していたことを鑑みれば、回を重ねるにつれ、受講生同士でのコミュニケーションへの不安が少なくなり、交流が促進されることで共同学習者の学びによい影響が出

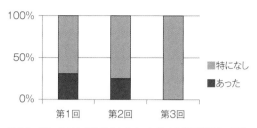

図6-1　「困ったことはありましたか」に対する共同学習者の回答
（2006年第1回〜第3回，鈴木ら，2007より）

ていたであろうことが推察される。このデータは2006年度のものであるが、例年傾向としてはおおよそ一致したものが得られている。

第4節　共同学習者は何を学んだのか

　共同学習者の学びの内容について、2012年度の「杜のまなびや」の講座が全て終了した後に面接調査を行なった結果（松﨑ら，2013）を基に述べる。質問した内容は参加動機と対応した質問であり、①「杜のまなびやに参加してどうでしたか？」、②「杜のまなびやでどのような出会いがありましたか？」、③「杜のまなびやで、あなたの視野や考え方はどのように広がりましたか？」④「あなたが杜のまなびやで学んだことは、どのように日常に役立てそうでしたか？」⑤「杜のまなびやであなたの専門性はどのように深まりましたか？」⑥「事前面接であなたは特に◯◯を学びたいとおっしゃっていました。学べましたか？」というものであった。

　共同学習者の回答を分類したところ6つの分類に集約された。すなわちG. 杜のまなびやでの交流、H. 授業内容、I. 授業での交流の特徴、J. 学習者との交流での学び[6]、K. 学習者以外の人からの学び[7]、L. 学習内容を今後に生かす、であった（表6-8）。以下では各分類の概要を述べて

6　松﨑ら（2013）における［知的障害者との交流での学び］

7　松﨑ら（2013）における［知的障害者以外の人からの学び］

表6-8　共同学習者の学びの内実の分類とカテゴリー、サブカテゴリーの例

分類	カテゴリー	サブカテゴリー
G. 杜のまなびや での交流	出会いと交流	a. 様々な人と新しく出会う
		b. 学習者との交流を楽しむ
	交流内容	c. 以前参加したことを覚えていてくれて嬉しかった
		d. 学習者と余暇について話す
		e. 学習者と仕事について話す
H. 授業内容	－	a. 授業内容が難しかった
		b. 難しいことをやるのもいいと思った
		c. 教養的な授業が印象的だった
		d. 調べ学習が難しかった
		e. 学習者には難しかったのではないか
		f. 他の参加者の話をもっと聞きたかった
I. 授業での交流の 特徴	－	a. 対等な関係で学ぶことができる
	意見の多様性の 理解	b. 他の参加者の視点の違いを知る
		c. 情報の伝え方の難しさ
		d. どこまでサポートすべきかという問い
		e. コミュニケーションの難しさと自身の関わりの反省
J. 学習者との 交流での学び	知的障害者から の学び	a. 知的障害者の社交性・積極性に気づく
		b. 知的障害者は自分の考えを持っている
	学習者の イメージの変化	c. 障害の有無は変わらない
		d. 自分の思い込みとは違った
		e. 社会人知的障害者への尊敬
K. 学習者以外 の人からの学び	－	a. 知的障害者の周囲の人の役割を学ぶ
	－	b. スタッフの関わり方を学ぶ
	共同学習者内の 学び	c. 共同学習者の参加態度を見習う
		d. 共同学習者の表現を見習う
		e. 共同学習者との話で勉強不足を痛感
L. 学習内容を今後 に生かす	個人の気づき	a. 知的障害者とのコミュニケーション意欲の高まり
		b. 継続参加で深まる関係性についての理解
		c. 学習者以外の知的障害者の想像
	社会のありかた への気づき	d. 学び合いの場はもっと作れる
		e. 知的障害者が情報収集することの難しさへの気づき
		f. 知的障害者の政治参加の課題
		g. もっと知的障害者を皆が知ってほしいと望む

いく。以下ではサブカテゴリーを［　］で示す。また、サブカテゴリー間で関連性が見られるものについてはカテゴリーとしてまとめた。カテゴリーについては【　】で囲んで示す。

　G．杜のまなびやでの交流は、人との出会いや交流内容に関する言及が含められた。学習者のみでなく［a．様々な人と新しく出会う］ことや、［b．学習者との交流を楽しむ[8]］からなるカテゴリー【出会いと交流】や、具体的な交流内容に関する言及が含められた【交流内容】があった。【交流内容】は［c．以前参加したことを覚えていてくれて嬉しかった］、といったものから、休憩時間などに行われたと考えられる［d．学習者と余暇について話す[9]］、［e．学習者と仕事について話す[10]］など、様々であった（表6-7）。この交流が元となりJ．学習者との交流での学びや、H．授業内容に関する印象形成につながったと推察される。

　H．授業内容には、受講した講座への印象についての言及が含められた。［a．授業内容が難しかった］、［b．難しいことをやるのもいいと思った］［c．教養的な授業が印象的だった］［d．調べ学習が難しかった］というカテゴリーは、講座内容が共同学習者にとって印象的であったことを示唆するという点で、「杜のまなびや」は誰にとっても学びのあるオープンカレッジという理念が果たされていることを示すものであった。一方で、講座が［e．学習者には難しかったのではないか］という疑問や［f．他の参加者の話をもっと聞きたかった］といった、講座での学習者との交流について不全感に関する言及も存在した（表6-8）。

　I．授業での交流の特徴には「杜のまなびや」での交流の特徴についての言及が含められた。学習者と［a．対等な関係で学ぶことができる］という言及がみられたことは、共同学習者が講座に集中できるようにするためのスタッフの配慮が反映されたものであると考えられる。そうした交流の特徴が関連してか、他の受講生の意見や視点の違いについての感

8　松﨑ら（2013）における「知的障害者との交流を楽しむ」
9　松﨑ら（2013）における「知的障害者と余暇について話す」
10　松﨑ら（2013）における「知的障害者と仕事について話す」

表6-7　G．杜のまなびやでの交流

カテゴリー	サブカテゴリー	言及例（原文ママ）
出会いと交流	a. 様々な人と新しく出会う	他の知らなかった 4 年生の方とか。結構知っている人は班内に何人かいたんで、そういう人たちはもともと話すことが、あったんですけど、そうじゃない人とかとも知り合う機会もできたなと思います
	b. 学習者との交流を楽しむ	不安はありましたけど。うまく入っていけたのは、スタッフの方の協力とかもあったり
交流内容	c. 以前参加したことを覚えていてくれて嬉しかった	前回参加してくれたことを覚えていてくれたっていうのがすごい印象的だったなって思います
	d. 学習者と余暇について話す	A さん（学習者）と実際に話しているときに「ふだん何したりするんですか？」という話の中で、友だちと一緒にカラオケ行ったり、あと飲み会したりとかするって言ってたり
	e. 学習者と仕事について話す	普段働いていらっしゃる方で、特に B さん（学習者）とかスーパーで働いていらっしゃるということで、店長さんとか、その上の方とのつき合いとか、同僚の方とのつき合いとか

表6-8　H．授業内容

サブカテゴリー	言及例（原文ママ）
a. 授業内容が難しかった	私もちょっと難しくて「ん？」って感じなところもあったので
b. 難しいことをやるのもいいと思った	パソコンで皆で調べたりとかすると思ってなかったんで、ちょっと難しかったんですけど（略）「ああいうちょっと難しいことをやるのもいいのかな」とは思いました
c. 教養的な授業が印象的だった	一般教養でいったら経済学とか（略）聞いててすごい考えさせられたというか、深いお話をしてくださって
d. 調べ学習が難しかった	大きい紙にまとめる作業自体久しぶりすぎて、どうしていいかちょっとわからなかったです
e. 学習者には難しかったのではないか	「内容も普通に聞いて面白いものなんだな」と思いました。あの場にいた皆がわかるのかっていうのは、ちょっとわかんないんですけど
f. 他の参加者の話をもっと聞きたかった	皆さんが聞いててどう思ったのかなっていうのを、もうちょっと聞けたらよかったなと

表6-9 I. 授業での交流

カテゴリー	サブカテゴリー	言及例（原文ママ）
意見の多様性の理解	a. 対等な関係で学ぶことができる	困ったら全部スタッフに任せようって思って臨めたので、対等に学べた
	b. 他の参加者の視点の違いを知る	ボランティア精神の高い人に好感をもっていたようで、しきりにプロフィールをみてらっしゃった。私だったらプロフィールはあまりみないなと思ってたので（略）選挙で選ぶといったら公約、政策なのかなと思ってたので
	c. 情報の伝え方の難しさ	私の候補者に関する言い方一つで、その人に対する見方が180度っていわないまでも変わってしまうし
サポートへの問い	d. どこまでサポートすべきかという問い	あとは障害のある人とのコミュニケーションのとり方。やっぱり、スタッフの皆さんの支援の仕方を見ていたりとか、自分でも実際に話してみて、やっぱりどうしても、支援しすぎちゃうタイプではあるので
	e. コミュニケーションの難しさと自身の関わりの反省	私発表の時、Bさん（学習者）に読んでもらおうと思ってマイクを渡したら（略）「ちょっと読めないです」みたいなことをいわれてしまって、（略）つい私がその場でパーって読んじゃったんですけど、もうちょっとそういうところを配慮できればよかったかなとは思いました

想である［b. 他の参加者の視点の違いを知る］ことなど【意見の多様性の理解】に関する言及が多く聞かれた。このような【意見の多様性の理解】は、他者の意見の価値に気づくきっかけとなり、分類Hの［f. 他の参加者の話をもっと聞きたかった］という思いにつながっていたようである。一方で、［c. 情報の伝え方の難しさ］という経験もやはりあったようで、共同学習者が学習者への支援者的役割を果たしてしまう場面も少なからずあったようである。そうした状況で、共同学習者が学習者に対して、［d. どこまでサポートすべきかという問い］や、自分の関わりはまずかったのではないかという［e. コミュニケーションの難しさと自身の関わりの反省］といった【サポートへの問い】を抱えていたことも示された（表6-9）。

　J. 学習者との交流での学びには学習者の人格や、仕事を含めて彼ら／

彼女らのものの考え方を学んだという【学習者からの学び11】についての
言及や、そこから生まれたと推察される【学習者のイメージの変化12】に
ついての言及が多く見られた。【学習者からの学び】については、[a. 学
習者の社交性・積極性に気づく13] や [b. 学習者は自分の考えを持ってい
る14] といった、ステレオタイプな印象とは異なる彼ら/彼女らの内面的
な特徴への気づきに関する言及が含められた。また、【学習者のイメージ
の変化】については、[c. 障害の有無は変わらない] や [d. 自分の思い込
みとは違った] といった感想や、すでに社会で働き、社会人としての振る
舞いを見せる学習者に対して [e. 社会人学習者への尊敬15] の念を持つ者
がいた（表6-10）。こうした学びは「杜のまなびや」での交流（分類G・I）
に基づいて得られたものであり、特に知的障害者にかかわる社会的問題
への関心の高まり（分類L）につながっていたと推察された。

　K. 学習者以外の人からの学びには、保護者やヘルパーといった学習
者に関わる人達や「杜のまなびや」のスタッフ、自分以外の共同学習者と
の交流から得た学びや気づきが含められた。保護者や介助者のような親
しい立場の人との交流を通じて垣間見える講座中とは異なる学習者の様
子から共同学習者は [a. 知的障害者の周囲の人の役割] について学ぶこ
とがあったようである。また、[b. スタッフの関わり方を学ぶ] ことで、
自身が学習者に関わる際のヒントを得ていたことも窺えた。自分以外の
共同学習者からも刺激を受けていたようで [c,d. 共同学習者の参加態度
や表現] から、[e. 共同学習者との話で勉強不足を痛感] したということ
など【共同学習者内での学び】に関する様々な言及が得られた（表6-11）。
こちらも「杜のまなびや」での参加者との交流（分類G・I）との関係が深
いことが示唆されるが、スタッフの関わりについては、特に講座中にお
けるスタッフの配慮が元になったようである。

11 松﨑ら（2013）における［知的障害者への気づき］
12 松﨑ら（2013）における［知的障害者への思い］
13 松﨑ら（2013）における［知的障害者の社交性・積極性に気づく］
14 松﨑ら（2013）における［知的障害者は自分の考えを持っている］
15 松﨑ら（2013）における「成人知的障害者への尊敬」

表6-10 J. 学習者との交流での学び

カテゴリー	サブカテゴリー	言及例（原文ママ）
学習者からの学び	a. 学習者の社交性・積極性に気づく	障害持った方の性格というか、すごい接しやすい感じで、とても話しやすかったっていうのはありますね
	b. 学習者は自分の考えを持っている	やっぱり私が思っていた以上に、皆さん意見も持っていらっしゃったし、議論の場をうまく回していらっしゃった
学習者のイメージの変化	c. 障害の有無は変わらない	相手がやっぱりどんな人でも基本的には同じなんだなぁというか、障害があるなしとかはあまりかかわらずっていう面もすごく感じました
	d. 自分の思い込みとは違った	正直思ったのが、意外にすごいみんな笑顔とかだし、すごい楽しそうなんだなぁみたいなのが。自分の今までいろいろ思い込みがあったなぁってことを考えさせられたり
	e. 社会人学習者への尊敬	Bさん（学習者）がすごく格好いい女性として働いているなと思って、そういう女性とお話する機会がなかったので、すごく新しい出会いでした

表6-11 K. 学習者以外の人から学び

カテゴリー	サブカテゴリー	言及例（原文ママ）
－	a. 知的障害者の周囲の人の役割を学ぶ	Cさん（学習者）がすごくヘルパーさんがいることですごく安心してたのがすごいなと思う反面結構大変なお仕事だなっていうか。（略）普通に考える仕事の責任とかとはまた違う想像をしないといけないんだなっていうことは思いました
－	b. スタッフの関わり方を学ぶ	スタッフの方とかホワイトボードに書く時、上に振り仮名振ったりしてるじゃないですか。（略）そういう配慮が自然にできたらいいなって思いました
共同学習者内の学び	c. 共同学習者の参加態度を見習う	4年生の女性の方かな、すごくはきはきした方で。（略）すごくはきはきした感じは見習わねばとすごくいつも思いました
	d. 共同学習者の表現を見習う	Dさん（共同学習者）が話すときにいつも私と話す時はすごい勢いで来るんですけど（略）学習者に対して（略）抽象的な言葉使わなかったり、ゆっくり分かるように話したりっていう話し方とかは勉強になりました
	e. 共同学習者との話で勉強不足を痛感	3年生の学生の方からはイギリスの障害者の雇用制度ってどうなってるんですかって聞かれて、分からないって思って自分の勉強不足を痛感しました

　L. 学習内容を今後に生かすには、大きく2種類の言及が分類された。第1に個々の学びを今後に生かそうとする【個人の気づき】に関する言及であり、第2に、広い意味で知的障害者の学習や社会参加を取り巻く現状の変化について願うような【社会のありかたへの気づき】に関する言及であった。

　【個人の気づき】について一例を挙げると、自然にコミュニケーションをすることができたという経験から [a. 知的障害者とのコミュニケーション意欲の高まり]があったという者や、継続参加によって相互理解が深まったという実感に基づいた [b. 継続参加で深まる関係性についての理解]への意識の高まりが窺えた。また、講座に参加していない[c. 学習者以外の知的障害者の想像]をする態度が高まったという者も存在していたようであった。責任を持って働く学習者との交流を通じて、自身のアルバイトに対する態度を省みていた共同学習者もいたようであった。

　【社会のありかたへの気づき】に関しては知的障害のある者と学び合う場所が増えることを願う [d. 学び合いの場はもっと作れる]という言及がみられた。一方で、学習や選挙などの社会参加に関して情報へのアクセスに配慮が必要であることを実感した[e. 知的障害者が情報収集することの難しさへの気づき]や[f. 知的障害者の政治参加の課題]についての実感も得られたようであった。ただし、これらは講座内容に関連しての言及であったと考えられる。また、[g. もっと知的障害者を皆が知っていってほしいと望む] ことについての言及も聞かれた（表6-12）。これらは、H. 授業内容やそのI. 授業での交流、そこで得られたJ. 知的障害者との交流での学びから得られた洞察であると考えられた。

表6-12　L. 学習内容を今後に生かす

カテゴリー	サブカテゴリー	言及例（原文ママ）
個人の気づき	a. 知的障害者とのコミュニケーション意欲の高まり	自分が変に気負う必要はないんだなという、話しかけたら普通に返してくれる方ってたくさんいるんだろうなというのが今回すごく感じたことです
	b. 継続参加で深まる関係性についての理解	人との関わりについて。継続してかかわっていくとつながりが深まっていくんだろうなって思いました
	c. 学習者以外の知的障害者の想像	杜のまなびやに来るようなすごい意欲をもって仕事してて、社会にも関心を持ってっていうのと真逆のタイプの人もきっといてそういう人たちに私たちは多分なかなか会えないんだろうなっていうのは思ったことあります
社会のありかたへの気づき	d. 学び合いの場はもっと作れる	条件を整えてあげることで同じように、私も全力で勉強したし、彼らも全力で勉強してたし。同じぐらい全力で、こう勉強できるっていうのが実感として持てたっていうのが新しい発見
	e. 知的障害者が情報収集することの難しさへの気づき	パソコンとか、選挙に関する情報っていうのがいかに知的に障害がある人にとって使いにくいかっていうのも分かったんで、良かったです
	f. 知的障害者の政治参加の課題	選挙するために、選挙の場所に行くのも、誰に投票するか情報を集めるのもまだまだハードルが高いなって思って、それが全然当たり前になってるんだなっていうのを改めて気付かされました
	g. もっと知的障害者を皆が知っていってほしいと望む	障害者の方も、素直で素敵な方が沢山いらっしゃるので、社会においてなんとなく特別というか、一般の人にとって知らない、身近ではないから怖いというようなことがもっと減ればよいなぁと思いました

　以上が共同学習者の学びの内容についての言及を分類した結果であった。共同学習者は参加者との様々な交流を通じて学習者や彼ら/彼女らに関係する人たちについて理解を深め、視野の広がりに関係するような学びを得ることができていた。そして学習者や共同学習者・スタッフ・オブザーバーといった多様な参加者との講座を通じた交流を経て、社会で生活する知的障害のある者の様子について思いを寄せる姿勢が窺えた。

このような学びの内容については、学生運営ボランティアという立場で
オープンカレッジに参加した大学生の学びの内容に関する報告（廣森・
山内, 2009）との類似性がみられる。しかし、受講生としての立場で参
加している「杜のまなびや」の共同学習者の場合は、講座から学んだこと
への言及もみられており、講座内容の充実と、その中での受講生同士の
交流が共同学習者の良い学びにつながっていたと窺われる。

第 5 節　本章のまとめ

　共同学習者は、交流を通じて学習者と知り合い、その経験を自身の将
来や専門に関することに生かすという動機の者が多かったと考えられる。
そして講座中や休憩時間などの講座外での議論や交流を通じて、知的障
害者や関係者について気づきを多く得て、加えて知的障害者の社会参加
や、生涯学習の現状について想いを寄せていたようであった。本章の内
容からは、「杜のまなびや」に参加した共同学習者が学習者との交流の中
から豊かな学びを得ていたことを十分窺い知ることができる。
　社会の中で多様な背景を持つ者たちと共同して学び、問題を解決して
いくことは高等教育を通じて学ばれるべき資質の一つであることに疑い
はない。「杜のまなびや」において、知的障害者と共同して学ぶことに
より、大学生・大学院生の学び続ける権利の保障やインクルージョンと
いった理念に対するポジティブな態度を涵養することができる可能性が
示された。とはいうものの、オープンカレッジや高等教育におけるイン
クルージョンの効果に関する検証はまだ黎明期であるといえる。実践を
重ねながらデータを蓄積し、こうした取り組みが長期的によい教育効果
を持つという研究知見を示していかなければならない。

【引用文献】

　浅野志津子. (2002). 学習動機が生涯学習参加に及ぼす影響とその過程―放
　　　送大学学生と一般大学学生を対象とした調査から―. 教育心理学研究.

50，141-151.

廣森直子・山内　修．（2009）．知的障害のある成人の生涯学習活動における
　ボランティアの学び―「オープンカレッジinあおもり」における実践か
　ら―．青森保健大雑誌，10，1，17-26.

Leroy, B. & Simpson, C. (1996). Improving student outcomes through inclusive
　education. Support for Learning, 11, 1, 32-36.

松﨑　泰・野崎義和・横田晋務・永瀬　開・南島　開・小野健太・後藤祐
　典・菅原愛理・平山美穂・川住隆一・田中真理．（2013）．知的障害者・
　大学生共同参加型オープンカレッジにおける参加動機と学びの内容―
　共同学習者としての大学生に焦点をあてて―．東北大学大学院教育学
　研究科教育ネットワークセンター年報，13，1-14.

May, C. (2012). An investigation of attitude change in inclusive college classes
　including young adults with an intellectual disability. Journal of Policy and
　Practice in Intellectual Disabilities. 9, 4, 240-246.

Rillotta, F. & Nettelbeck, T. (2007). Effects of an awareness program on
　attitudes of students without an intellectual disability towards persons with
　an intellectual disability. Journal of Intellectual & Developmental Disability.
　32, 1, 19-27.

鈴木恵太・大内将基・廣澤満之・笹原未来・中山奈央・半澤真理・中村保
　和・川住隆一．（2007）．オープンカレッジによる知的障害者の生涯学習
　支援に関する研究（1）―共同学習者からみた意義について―．日本特
　殊教育学会第45回大会発表論文集，237.

田中淳子・須河内貢．（2004）．知的障害者に対する援助経験による態度変容
　に関する基礎的研究．紀要．27，59-67.

淀野順子・永須　環・竹内啓祥.（2012）．オープンカレッジにおける学生ボ
　ランティアの学び―知的障がい者の学びをサポートする学生の感想か
　ら―．社会教育研究，30，101-111.

米倉祐希子．（2015）．知的障害者への態度に関する研究動向と今後の課題：
　文献レビュー．The Journal of Faculty of Developmental Education, Kansai
　University of Social Welfare, 1, 35-43.

第7章　講師の学び

　本書においてこれまでも繰り返し示されてきたとおり、「杜のまなびや」は大学が有する「知」を知的障害者にとっても開かれたものとするべく、東北大学に所属する教員に講座の講師を依頼してきた。「杜のまなびや」の講師を務めた教員の中には知的障害者との係わりの経験を有していない教員も少なくなく、「杜のまなびや」の講師を引き受けることは、講師にとっても新しいチャレンジであったと考えられる。このことは、「杜のまなびや」への参画によって、講師にも種々の戸惑いや新たな気付きがもたらされていたことを推察させる。

　そこで本章では、講座を担当する講師にとって「杜のまなびや」はどのような意味を有するのか、講師へのインタビューをもとに検討する。

第1節　はじめに

　「杜のまなびや」は、知的障害者の生涯学習の機会の乏しさという我が国における教育制度上の課題を背景に、大学が有する機能や知的財産をいかに知的障害者にとっても開かれたものにするかというスタッフの課題意識からその取り組みがスタートした。そのため、「杜のまなびや」においては"知的障害者が大学で学問を学ぶ"ことが重視されており、そうした趣旨のもと、大学を学びの場とし、講座も東北大学に所属する教員が担当するという「杜のまなびや」の実施形態が形作られていった。さらに、「杜のまなびや」においては、大学という学びの場の特色を最大限に生かすべく、大学生と知的障害者がともに学ぶという形態をとっている。したがって、講師には、自身が専門とする領域に関する講座を知的障害者のための特別な講座としてではなく、また、大学生向けの通常の講義としてでもなく、知的能力や経験が多様な受講生に対する教養講座

として展開することが求められる。つまり、「杜のまなびや」の取り組み
は、講座を担当する講師にとっても新たな挑戦の機会として位置づけら
れるものである。

　大学が持つ専門性をいかし、また講座の内容をより豊かなものとする
ため、「杜のまなびや」の実施にあたっては、東北大学に所属する多く
の教員に講師を依頼してきた。そして、講座実施前には講座の意図や構
成、講座の実施に当たって心配な点等について講師の意見を聞き、また
スタッフからは学習者や「杜のまなびや」の様子を伝えることで、講師
とスタッフが協働しながら講座を構成してきた。また、「杜のまなびや」
のあり方やその意義について検討し、よりよい講座のあり方を探求する
ため、講座終了後には講座を終えての率直な感想や講座を実施するにあ
たって難しかった点、普段の講座との違い、受講生に対する印象等につ
いて、講師にインタビューを実施した。

　こうした事前打ち合わせ及び事後のインタビューをもとに、講師を担
当した大学教員の気づきから「杜のまなびや」の意義について明らかにし
ようとする研究がまとめられている（杉山・鈴木・滝吉・笹原・野崎・
横田・岡野・新谷・新村・川住，2009）。杉山ら（2009）においては、講
座前に行なわれた事前打ち合わせ、および、講座後に行なわれたインタ
ビューにおける講師の発話分析が行なわれている。そして、事前打ち合
わせにおいては講座の構成に関する発話が多く見られ、講師がそれぞれ
の経験や先行事例に学びながら講座を構想していたことが明らかにされ
ている。その上で、「杜のまなびや」で講師を務めることが、講師の講
座に関する経験や知識を拡げる機会となっていることが示唆されている。
一方、講座終了後に実施された事後インタビューについては、各講師の
回答例の概要が示されるにとどまっているが、いずれの講師も知的障害
者の多様性について言及していることから、「杜のまなびや」での講師
経験が知的障害者に対する理解促進に寄与した可能性が示唆されている。
しかし、上述したように、事後インタビューで語られた講師の発話につ
いては、詳細な分析がなされていない。そこで、本章では、講座終了後

に実施されたインタビューを取り上げることで、講座を担当した講師の
気づきに迫り、「杜のまなびや」が講師にとってどのような意味をもたら
すのかについて整理していきたい。

第 2 節　インタビューの概要

　表7-1は、インタビューを実施した3名の講師のプロフィールである。

表7-1　インタビューを実施した講師のプロフィール

講師	専門領域	年代	杜のまなびやにおける 講師経験
講師 A	体育社会学	40 代	2 回目
講師 B	社会教育学	30 代	1 回目
講師 C	教育哲学	50 代	1 回目

　講師Aはインタビューが行なわれた前の年にも「杜のまなびや」での
講師を務めており、「杜のまなびや」で講師を務めるのは2回目であっ
た。一方、講師B、講師Cにおいてはこの時が初の講師であり、いずれ
も「杜のまなびや」に参加したこともない状態であった。講座の実施にあ
たっては、各講師につき2名の運営スタッフが講座の構成や事前準備の
補助を行なった。また、講座終了後には、終了直後、もしくは日を改め
て、講師に対するインタビューを行なった。インタビューは主に講師の
講座運営を補助した担当スタッフにより行なわれたが、講座終了直後に、
スタッフ全員による振り返りの場で行なわれることもあった。
　講座終了後に行なったインタビューの主な項目は、①講座の全体的な
感想、②講座をする際に難しいと感じた点、③講座のねらいの達成度、
④自分の構想と違っていたと感じた点、⑤学習者の印象、⑥共同学習者
について意識した点、⑦その他、である。
　事後インタビューについては、講師の了解のもとICレコーダーに
よって音声記録化されており、また、その後、音声記録をもとに文字記

録が作成されている。今回の分析にあたっては、作成された文字記録を
もとに、インタビューにおける講師の発話を意味のまとまりごとに切片
化した。その上で、講師の発話の意味内容が損なわれることがないよう
に要約してコード化を行なった。そして、各コードを比較・分類するこ
とで、サブカテゴリーを作成し、相互の関係性に注目しながら意味内容
を表現するカテゴリーを作成した。最終的には類似するカテゴリーを概
括して分類した。

　以下では、各講師がインタビューで語った内容に着目しながら、「杜の
まなびや」で講師を務めることが、それぞれの講師にどのような意味を
もたらしたのかについて検討したい。

第3節　3名の講師のインタビューから見えること

1．講師3名のインタビューから

　表7-2は、3名の講師を対象に行なわれた事後インタビューのデータを
それぞれ分析し、作成された分類、カテゴリー及びサブカテゴリーをま
とめたものである。講師の発話は、自身の講座に関する省察、「杜のま
なびや」に関する省察、自己に関する省察、その他に分類された。以下、
分析の結果抽出されたカテゴリーを【　】、そのカテゴリーに含まれるサ
ブカテゴリーを［　］で示す。

　分析の結果、【講座に対する自己評価】【知的障害者に対する認識】【杜
のまなびやに対する認識】【その他】といったカテゴリーが共通して作成
された。【知的障害者に対する認識】としては、3名ともが［知的障害者の
多様性］について言及しており、いずれの講師も「杜のまなびや」の取り
組みを通じて実際に学習者に接する中で、“知的障害者”と一口に言って
も実際はそれぞれ多様な個々人であるということを実感したようであっ
た。また、【杜のまなびやに対する認識】として、3名とも［学習者中心］
であると捉えていたことも明らかとなった。第2章でも述べられている
通り、「杜のまなびや」においては、大学生を“支援者”としてではなく、

表7-2　3名の講師の事後インタビューにおける語りの内容

分類	カテゴリー	サブカテゴリー		
		講師 A	講師 B	講師 C
自身の講座に関する省察	講座に対する自己評価	伝えたいことが伝わらなかった ねらいが達成できてよかった 楽しんでもらえたのでよかった 怪我がなくてよかった	講座を終えることに対する安堵 学習が成立したことへの小さな安堵	伝えたい内容は伝わった ねらいは達成された 時間通り終えられた 視覚的資料（パワーポイント）がうまく使えた 難しかった点は特にない
	講座実施前に感じた戸惑いや困難		実際の様子が想像できない 知的障害者の実態と自身の扱う専門的内容との接点を見出すのが難しい 活動やテーマ設定が難しい 知的障害者への接し方（呼びかけ方）が分からない	
	講座中に感じた戸惑いや困難	時間内に終えればという焦りを感じる 受講生の思いとのずれを感じる 表情が読めない受講生の思いが分からない 活動に参加しない知的障害者への対応	理解してもらえているかどうか話し方をすることの難しさ 知的障害者に話してもらうことの難しさ 話しやすいテーマ設定のあり方	
	講座の問題点	説明不足 教室の大きさが不適切		
	講座における工夫と対応	伝えたい内容を絞る 活動（実技）の時間を確保する その場の様子に応じて講座の展開を変える 分かりやすい言葉を用いて説明する 視覚的資料を用いて具体的に指示を出す うまく活動に参加できない受講生に対して個別支援を行う		伝えたい内容を絞る わざとらしくない話し方に気をつける その場の様子に応じて講座の展開を変える 受講生の様子を変えながら話をする
	普段の講義との相違点	抽象度の高い例や極端な例を示すことができない 時間が限られているので、伝えたいことを絞る必要がある	教員主導のやり方が通用しない 受講生に気を取られて受講生の様子が見えない 受講生の多様性	
杜のまなびやに関する省察	知的障害者に対する認識	学習者中心 学習者と共同学習者の両者に向けて講座を行うのは難しい	知的障害者の多様性 知的障害者の実態	知的障害者の多様性 予想以上の反応があった
	杜のまなびやに対する認識			学習者中心 受講生に特別な印象はない
自己に関する省察	講座を通した自己の問い直し	講座中の受講生の様子 受講生に対する認識 自身の講義の信念 普段の専門内容について	知的障害者の話から自分に出来ることを考える 受講生の発言の意味を考える	自身の専門内容について 講義に対する講師の信念 普段の講義について
その他	その他	杜のまなびやにおける自身の今後の展望 杜のまなびやの今後の展望	受講生の発言の様子	杜のまなびやにおける自身の今後の展望

知的障害のある学習者とともに学ぶ共同学習者として位置付けている。しかし、いずれの講師も実際の講座においては、[学習者中心]であると認識していた。このことは、[学習者中心]に講座を構想し、展開することが、知的能力や経験が多様な受講生が存在する「杜のまなびや」における有効な講座方略の一つであることを示している可能性がある。それと同時に、知的障害のある学習者と大学生である共同学習者の両者のニーズを満たすことや、学習者と共同学習者が学び合うという「杜のまなびや」の特性に応じた講座を計画し、実施することのむずかしさをも示していると考えられる。

　【講座に対する自己評価】【知的障害者に対する認識】【杜のまなびやに対する認識】【その他】といったカテゴリーが共通してみられる一方で、「杜のまなびや」の経験がどのようなものとして受け止められたのかは講師によって様々であることも分かる。例えば、【講座に対する自己評価】は3名の講師に共通して作成されたカテゴリーであるが、講師Aが[伝えたいことが伝わらなかった]と捉えているのに対し、講師Cは[伝えたいことは伝わった]と捉えている。このように、「杜のまなびや」の経験が講師にどのような意味や気づきをもたらしたのかについて、一概に言うことはできない。こうした認識の違いの背景には、単なる経験の違いだけではなく、それぞれの講師が専門とする内容や講座（活動）形態、ねらいの違い、講師個人の性格特性といったことも当然のことながら影響しているものと思われる。このことは、「杜のまなびや」における講師経験が講師にとっていかなる意味をもたらすものであるのかについて、個別具体的に検討する必要があることを示しているともいえる。

　そこで、以下では、講師A、B、Cそれぞれのインタビュー結果をもとに、「杜のまなびや」で講師を務めることが、それぞれの講師にどのような意味をもたらしたのかについて個別に検討を行なう。

2．講師Aのインタビューから

　講師Aは体育社会学を専門とする40代の教員である。講座テーマは

「スポーツのルールについて、いろいろ考えてみる」であり、スポーツにおけるルールの意義に関する講座が、一部実技を取り入れながら行なわれた。講師Aの語りからは、【講座に対する自己評価】【講座中に感じた戸惑いや困難】【講座の課題点】【講座における工夫と対応】【普段の講義との相違点】【知的障害者に対する認識】【杜のまなびやに対する認識】【その他】のカテゴリーが抽出された。

　講師Aにおいては、全体的な【講座に対する自己評価】として［ねらいが達成できなかった］［伝えたいことが伝わらなかった］といった一種の手ごたえのなさを感じていた。そうした【講座に対する自己評価】の背景にあったと考えられるのが、［受講生の思いとのずれを感じる］［表情がない受講生の思いがわからない］といった【講座中に感じた戸惑いや困難】や［説明不足］といった【講座の課題点】であった。講師Aはこうした「杜のまなびや」における講座のむずかしさを感じつつも、［伝えたい内容を絞る］［その場の様子に応じて講座の展開を変える］といった【講座における工夫と対応】によって臨機応変に講座を展開していった。しかし、［抽象度の高い例や極端な例を示すことができない］といった【普段の講義との相違点】や［知的障害者の多様性］といった【知的障害者に対する認識】から、知的障害者に照準を合わせ［学習者中心］に考えるという【杜のまなびやに対する認識】を持ったことが明かされた。

　以下では、インタビューにおける実際の発話を取り上げながら、講師Aの語りの内容を詳細に見ていきたい（「　」内はインタビューにおいて語られた実際の発話の内容を示す）。

　講師Aはインタビューにおいて【講座に対する自己評価】として［伝えたいことが伝わらなかった］という趣旨の発話を繰り返しており、講座に対する一種の手ごたえのなさを感じているようであった。また、【講座の課題点】として［説明不足］であったことを挙げており、そのことが、［ねらいが達成されなかった］という【講座に対する自己評価】に繋がっているようであった。

「まあ、どうだろう…講座は失敗…だったかな。なんか、手ごたえ
みたいなのがちょっとなかったような…。というか、ちょっと難し
かったかなあ…かもしれない。…というのは、おそらくね、僕の
しゃべりかたとか、説明も悪かったんだけど…共同学習者にも理解
されてなかったと思うのよ」【講座に対する自己評価】［伝えたいこ
とが伝わらなかった］

「それを理解してもらってからじゃないといけなかったんだよね。
それでさらに、っていうことで進めていかなきゃいけなかったの
を、もう分かっているだろうみたいなところでやってしまったか
ら」「説明不足ですし」【講座の課題点】［説明不足］

　また、講師Aの語りからは、［受講生の思いとのずれを感じる］［表情
がない受講生の思いが分からない］［活動に参加しない知的障害者への対
応］といったような、知的障害者が共に学んでいるという状況から生ま
れたと考えられる【講座中に感じた戸惑いや困難】が語られた。

「…表情がある程度ある人、全然ない人っていうのが。表情がない
人は、やっぱり困るんだよね。…面白いんだか、つまらないんだか、
飽きたんだか、逆に言うともう辛いのか、苦しいのかっていうのが
わからない」【講座中に感じた戸惑いや困難】［表情がない受講生の
思いがわからない］

「やっぱり動きたいという意思が強い人は、ほら、だんだんもう、
腰が立ってくるわけじゃない。そうするとね、ちょっとは焦るよ
ね」【講座中に感じた戸惑いや困難】［受講生の思いとのずれを感じ
る］

「…一人だけはずれてやっていた子がいたじゃない、テニス。…無

理やりではないけど、こっち来ようって誘導するんだけど、やっぱりちょっと一人でやりたいんだよなって感じだけど。…やっぱりちゃんとネットのところで打ったら、やっぱり全然違うわけだから、勝手にこう打つのとはね。だから、（ボールを）枠の中に入れるとか、ネットの高さを意識するとか、そういうところでちょっとやってほしかったんだけど。ちょっと無理だったな。それはそれでしょうがないんだけど」【講座中に感じた戸惑いや困難】［活動に参加しない知的障害者への対応］

　受講生の様子から感じた［伝えたいことが伝わらなかった］という手ごたえのなさや、［受講生との思いのずれを感じる］［活動に参加しない知的障害者への対応］といった【講座中に感じた戸惑いや困難】に対し、講師Aは［その場の様子に応じて講座の展開を変える］［わかりやすい言葉に言い換えて説明する］［うまく活動に参加できない受講生に対して個別支援を行なう］といった【講座における工夫と対応】を行なうことで、受講生の学びを支えようとしていた。

　　「…だから、最初は、一人ひとり学習者に一個一個気がついた点をあげてもらって、そうだね、そうだねって確認をしていけばいいのかなって思ったの。ところが、あまり興味がないっていうか、理解できないところがあるわけでしょ。そうすると共同学習者が手助けをするっていうんだったら、グループでやっちゃった方が早かったかなという。その場で変えたんじゃないかな、それは」【講座時の工夫と対応】［その場の様子に応じてに講座の展開を変える］

　しかし、そうした【講座における工夫と対応】によって受講生の学びを支えながらも、受講生の中に知的障害者がいるという「杜のまなびや」の特性から、［抽象度の高い例や極端な例を示すことができない］という【普段の講義との相違点】も感じていた。また、講師Aは講座を通じた

【知的障害者に対する認識】として［知的障害者の多様性］をも感じていた。こうした状況の中、知的障害のある受講生に対する配慮がとりわけ必要であると感じたためか、講師Aからは［学習者中心］［学習者と共同学習者の両者に向けて講座を行なうのは難しい］という【杜のまなびやに対する認識】が語られた。

　　「…例の出し方とかっていうのはね、どう言えばいいんだろう…、抽象度の高いものっていうのは出しにくいでしょう。…仮に、とかさ。言うのはなかなか難しいでしょ。あと、突拍子もない例とか。極端なことを言って、分からせるという手法もあるわけじゃない。一般の学生とか、そういう人だったら、それが効くんだよね、効くっていうか。…そういうのはできないよね。できない。」【普段の講義との相違点】［抽象度の高い例や極端な例を示すことができない］

　　「やっぱり差が大きい。コミュニケーションに関する能力も差がやっぱり激しいでしょう。積極性のある人、全然積極性がない人」【知的障害者に対する認識】［知的障害者の多様性］

　　「…ウエイトは学習者にウエイトを置く…になってしまった。だから、並行的にとかっていうのはちょっと無理だよね」【杜のまなびやに対する認識】［学習者と共同学習者の両方に向けて講座を行なうのは難しい］

3．講師Bへのインタビューから

　講師Bは社会教育学専門とする30代の講師であり、この年初めて「杜のまなびや」での講師を務めることとなった。講座テーマは「自分の生きざまを語る／他者の生きざまを聞く」であり、学びについての受講生それぞれの考えをグループで交流し合うというグループ活動を中心にした

形で講座が進められた。

　分析の結果、講師 B の語りからは、【講座に対する自己評価】【講座実施前に感じた戸惑いや困難】【講座中に感じた戸惑いや困難】【普段の講義との相違点】【知的障害者に対する認識】【杜のまなびやに対する認識】【講座を通した自己の問い直し】【その他】のカテゴリーが抽出された。

　講師 B においては、[講座を終えたことに対する安堵] や [学習が成立したことへの小さな安堵] が【講座に対する自己評価】として語られた。それには、知的障害者が共に学ぶという「杜のまなびや」ならではの状況から生じたと考えられる【講座実施前に感じた戸惑いや困難】や【講座中に感じた戸惑いや困難】が大きく影響していたようであった。種々の戸惑いや困難を感じつつも、実際に講座を実施し、知的障害者とも接する中で、講師 B は具体的に【普段の講義との相違点】を捉え、【知的障害者に対する認識】を深めていった。なお、【講座実施前に感じた戸惑いや困難】や【講座中に感じた戸惑いや困難】が大きかったためか、【杜のまなびやに対する認識】としては [学習者中心] であると捉えていたことが明らかとなった。さらに、講師 B においては、受講生同士の考えを交流し合うという講座形態の中で知的障害者の語りを耳にしたことで、[知的障害者の話から自分に出来ることを考える][受講生の発言の意味を考える] といった【講座を通した自己の問い直し】が生じたことも語られた。

　以下では、インタビューにおける実際の発話を取り上げながら、講師 B の語りの内容を詳細に見ていく。

　講師 B においては、「杜のまなびや」の講師を務めるのが初めてであるということもあってか、【講座に対する自己評価】として [講座を終えたことに対する安堵] や [学習が成立したことへの小さな安堵] が語られた。また、【講座実施前に感じた戸惑いや困難】に関する発話が多くみられた。【講座実施前に感じた戸惑いや困難】は、[実際の様子が想像できない][知的障害者の実態が分からない] といったサブカテゴリーによって構成されており、実際の様子がイメージできないことに起因する戸惑いが大き

かったことがうかがえる。

　　「一番の感想はほっとしたということです。ずーっと今まで胃が痛
　　かったんですけど、ようやく一段落したっていう感じがしました」
　　【講座に対する自己評価】［講座を終えたことに対する安堵］

　　「いや、だから、やっぱり想像できなかったっていうのが一番大き
　　いですよね。何が使えるか、どういう方法でやるかっていうことが完
　　全に委ねられてるっていうのは経験なかったですから、想像しよう
　　にも想像できなかったっていうのが本当のところじゃないですかね」
　　【講座実施前に感じた戸惑いや困難】［実際の様子が想像できない］

　　「…本当に分からなかったですよね。どこまで語っていただけるか
　　どうかっていうことがなかなか…だから本当に霧の状態だったわけ
　　で、始めてみて茨の道だということが分かったっていう、そういう
　　感じじゃないですかね。茨っていうのはちょっと言いすぎですけど、
　　それぐらい最初分からなかったですよ」【講座実施前に感じた戸惑
　　いや困難】［知的障害者の実態が分からない］

　実際の様子が想像できないといった戸惑いや不安を抱えていた講師Ｂ
は、【講座中に感じた戸惑いや困難】として、［理解してもらえるような
話し方をすることの難しさ］や［知的障害者に語ってもらうことの難し
さ］［話がしやすいようなテーマ設定のあり方］といった難しさを具体的
に実感したようであった。

　　「…学びっていうことをテーマに皆さんにしゃべっていただくっ
　　ていうのは、だいぶ難しいんだなっていうように思いましたけど」
　　【講座中に感じた戸惑いや困難】［知的障害者に語ってもらうことの
　　難しさ］

　また、【普段の講義との相違点】として、[受講生の多様性] [話し方に気を取られて受講生の様子が見えない] [教員主導のやり方が通用しない] といったことが語られた。講師 B においては、普段の講義以上に、受講生、ことに学習者の様子に配慮をしながら講座を進めていたということが語られたが、その結果として、[教員主導のやり方が通用しない] という、相手に合わせた対応の必要性についての気づきを得たようだった。

　「一生懸命ゆっくりしゃべったけど、ゆっくりしゃべることに気を取られすぎていて、僕は場は今回はあまり見えてないなと思いますね」【普段の講義との相違点】[話し方に気を取られて受講生の様子が見えない]

　「大学の教員っていうのは、(受講している学生の) 6 割ぐらい分かればいいんじゃないかと突っ走るような講義がややあるんですけど、そういう終わり方は絶対ここでは通用しないんだってことがやっぱり最初は全然想定外だったですよね」【普段の講義との相違点】[教員主導のやり方が通用しない]

　また、講師 B においては、受講生の語り合いを中心に講座が展開し、その中で知的障害者自身の生活経験についての語りを聴くことを通じて変化した【知的障害者に対する認識】として、[知的障害者の多様性] や [知的障害者の実態] を実感したことが語られた。

　「多様だということのイメージはなかなか摑むことができなかったですね。この人は分かっても、この人には分からないっていう気がしました」【知的障害者に対する認識】[知的障害者の多様性]

　「現実の中で当たり前のことを一つこなすのにこれだけ苦労しているという言葉を、むしろことばにならないしぐさを聴いて、あぁ、

こういう方々なんだっていう意味で実感しました」【知的障害者に対する認識】［知的障害者の実態］

　上述のように、講師Bにおいては実際の講座を通じて【知的障害者に対する認識】を深めていったようであったが、［知的障害者の実態が分からない］［知的障害者と自身の扱う専門的内容との接点を見出すのが難しい］といった【講座実施前に感じた戸惑いや困難】があったためか、【杜のまなびやに対する認識】としては、講師A同様に、［学習者中心］に考えていたということが語られた。

　　　「…（共同学習者のことは）ほとんど考えてなかったですよね。やっぱり、メッセージを届けるのに難しい対象というのは、障害もってらっしゃる方だと思ってたんで、頭の中がそこしか無かったなぁ。」【杜のまなびやに対する認識】［学習者中心］

　また、講師Bにおいては、講座中に実施された話し合いの中で知的障害者の語りを聞き、厳しい状況にある知的障害者の実態に触れたことで、［知的障害者の話から自分にできることを考える］［受講生の発言の意味を考える］といった【講座を通した自己の問い直し】が生じていたことも語られた。

　　　「話し合いの中でも、日々の生活の中で（厳しい）人間関係の話を語られていたし、改めて何ができるのかっていうことは考えさせられましたね」【講座を通した自己の問い直し】［知的障害者の話から自分にできることを考える］

4．講師Cへのインタビューから

　講師Cは教育哲学を専門とする50代の教員であり、「ことばってなんだろう」というテーマのもと、語りの構成要素や語りの技法に関する講

座が行なわれた。

　分析の結果、講師Cの語りからは、【講座に対する自己評価】【講座における工夫と対応】【知的障害者に対する認識】【杜のまなびやに対する認識】【その他】のカテゴリーが抽出された。

　講師Cにおいては、[伝えたい内容は伝わった][ねらいは達成された][難しかった点はない]といった【講座に対する自己評価】が語られた。講師Cは[伝えたい内容を絞る][その場の様子に応じて講座の展開を変える]といった【講座における工夫と対応】を行なっており、こうした工夫と対応が功を奏したことも講座の肯定的な評価に繋がっているようであった。また、【知的障害者に対する認識】としては[知的障害者の多様性]とともに[予想以上の反応があった]ことが語られ、講座を通して知的障害者に対する認識が変化したことがうかがえた。なお、【杜のまなびやに対する認識】としては講師A、Bと同様に[学習者中心]としながらも、[受講生に特別な印象はない]という講師C特有の捉えも語られた。以下では、インタビューにおける実際の発話を取り上げながら、講師Cの語りの内容を詳細に見ていく。

　講師Cにおいては、[伝えたい内容は伝わった][ねらいは達成された]と、肯定的な【講座に対する自己評価】が語られた。また、講師Cは普段の大学の講義においては、パワーポイントといった視覚教材を使用しないとのことであったが、今回は受講生の中に知的障害者がいるということで、運営スタッフの提案でパワーポイントを使用しながら講義を行なっている。そして、そうした普段使用しないパワーポイントを用いた講義についても、[視覚資料（パワーポイント）がうまく使えた]と肯定的に捉えていた。講座については[難しかった点はない]と語っており、講師Aや講師Bの語りにみられた【講座中に感じた戸惑いや困難】は抽出されなかった。

「（難しかったことは）あまりなかったですけど。ほぼ、最初に構想して…というか想像した講座が実現できたというか…。…そういう（難しい）状況にあるとは思えませんでした」【講座に対する自己評価】［難しかった点はない］

　また、【講座における工夫と対応】として、［内容を絞った］ということが語られ、そのことがうまく作用したと捉えていた。また、［受講生の様子に応じて講座の展開を変える］「受講生の様子に応じて動きながら話をする」といったことが語られ、受講生の様子に応じた即興的な対応を行いながら講座を展開していたことがうかがえた。

「…あらかじめ内容を絞ってたのがよかった。あんまり細かい説明をしようとしてたら、ちょっとそれは…。高校生とかならもう一項目入れる。入れないと…ね」【講座における工夫と対応】［伝えたい内容を絞る］

「（講座を）終わろうとしましたね。もうちょっと時間の余裕があったんですけど…それは周りの雰囲気から」【講座における工夫と対応】［受講生の様子に応じて講座の展開を変える］

　【知的障害者に対する認識】としては［知的障害者の多様性］とともに［予想以上の反応があった］ことが語られ、講座を通して知的障害者に対する認識が変化したことがうかがえた。

「ずいぶん同じ障害でも程度が違う気がしました。何て言うのでしょう…重度の方は分かっていないのかなと思いましたね。差がね」【知的障害者に対する認識】［知的障害者の多様性］

「意外にみなさん（ワークシートに）書いていて」【知的障害者に

対する認識】［予想以上の反応があった］

　また、【杜のまなびやに対する認識】としては、［学習者中心］であると
捉えていた一方で、［受講生に特別な印象はない］とも語っていた。こう
した語りから、講師Ｃにおいては、知的障害のある学習者に配慮して講
座を組み立てつつも、その取り組みが決して特別なものではなく、普段
の講座の延長線上に位置づいていることがうかがえた。

　「いや、知的障害の方が主役だと思ったわけですけど。」【杜のまな
びやに対する認識】［学習者中心］

　「（受講生に対する印象は）まぁ、高校生と同じ。大学生とも。」
【杜のまなびやに対する認識】［受講生に特別の印象はない］

第 4 節　「杜のまなびや」は講師にとってどのような意味をもつのか

　これまで、3名の講師に対して行なわれた事後インタビューの結果か
ら、「杜のまなびや」がそれぞれの講師にいかなる経験をもたらしてきた
のかを整理してきた。以下では3名のインタビュー結果を踏まえ、「杜の
まなびや」が講師にとってどのような意味をもつのかについて整理をす
ることで、「杜のまなびや」が有する意義と可能性に迫りたい。

1. 障害に対する理解の促進

　事後インタビューにおいて、3名の講師はいずれも、【知的障害者に対
する認識】として「知的障害者の多様性」に言及しており、実際に知的障
害者に接する中で、"知的障害者"と一口に言っても実際はそれぞれ多様
な個々人であるということを実感したようであった。こうしたことから、
「杜のまなびや」は、共同学習者のみならず、講座を担当する講師にとっ
ても、知的障害者に対する理解を深める貴重な機会となり得るものであ

るといえる。

　共生社会の実現に向けたインクルーシブ教育の推進や障害学生支援体制の整備に伴い、大学に在籍する障害学生は年々増加している。しかし、日本学生支援機構が平成17年より実施している「障害のある学生の修学支援に関する実態調査」において、知的障害は「精神障害」のカテゴリー内にある「その他の精神障害」に分類されており、知的障害のある学生の在籍状況や支援体制の実際については明らかにされていない。そもそも、知的障害が1つのカテゴリーとした調査がなされていないこと自体が、知的障害のある学生の在籍が想定されていないことを物語っているようにも思われる。こうした現状にあって、障害児・者を対象とした教育・臨床・研究を行なう一部の大学教員を除いた大学教員の多くは、知的障害者と実際に接する機会や、知的障害者に対し講義を行なう機会を有していないものと推測される。このことは、大学におけるインクルージョンの一つの障壁であるともいえる。こうした現状の中、「杜のまなびや」は、個々の教員の知的障害者に対する理解を深めることを通じ、大学におけるインクルージョンの障壁を解消する実践的な取り組みとして位置づけることができよう。

2．社会モデル的実践の場としての「杜のまなびや」

　近年、障害の捉え方をめぐっては、障害を疾病や疾患を有する個人が抱えるものとして捉える個人モデルから、他者や環境との相互作用の結果生じるものとして捉える社会モデルとしての障害観が広まりつつある。そうした認識のもとに、ハード面での整備は着実に進められてきているものの、個々人の“障害”に対する捉え方といったミクロなレベルでみれば、障害はあくまで障害者個人の問題といった考えはまだまだ根強いと言わざるを得ない。日常生活場面において障害者と接する機会を有していなければ、障害者らが日常生活場面で遭遇する種々の困難を知る機会、ましてやそれを自分事として自分との関係の中で捉える機会はほとんどないものと推測される。

　講師Aや講師Bにおいては、講座場面において種々の難しさや課題を感じていたものの、それらが【講座の課題点】や【普段の講座との相違点】として捉えられていたこと、また【講座における工夫と対応】によって課題の解決に迫ろうとしていたこと等が明らかとなった。つまり、講師らは講座場面において感じた種々の困難を「知的障害者の抱える課題」としてではなく、「自身の講座のあり方」との関係の中で捉えていたといえる。このように、講座場面において直面する「分かりにくさ」「伝わりにくさ」を知的障害者が抱える問題として実感するにとどまらず、彼らが抱える「わかりにくさ」「理解のしにくさ」を自分の講座の組み立て方、振る舞い方との兼ね合いの中で捉え、講座や自らの振る舞いのあり方を変えることを通してそうした問題の解決に迫ろうとするという講師らの実践は、まさに社会モデル的な教育実践であると捉えることができるだろう。

　そもそも、「杜のまなびや」という取り組みそのものが、「分かりにくさを抱えているから大学で学ぶことができない」のではなく、「分かりにくさを抱えつつも、大学で学ぶことができるよう、講座のあり方を検討する」といった社会モデル的教育実践であるといえる。そのため、講師は講座を引き受け、実施することを通じて、自ずと社会モデル的枠組みの中で講座を展開することが求められることとなる。こうした点を踏まえると、「杜のまなびや」は、知的障害者への認識、そして自らの講義や大学のあり方についての認識の転回を促す一つの機会となる可能性をも秘めたものであるといえよう。

3．講義スキルの拡張

　3名の講師はそれぞれ、より多くの受講生が講座の内容を理解することができるよう、講座の組み立て方を工夫したり、話し方に気をつけたり、普段は使用しない視覚的資料(パワーポイント)を使用するといった工夫を行なっていた。また、講座の最中においても、受講生の様子に応じて講座の組み立てを変えたり、自身の振る舞いに変化を生じさせたりと、その場の状況に応じて臨機応変に対応を変えていた。

講師Aは、普段の講義から受講生である大学生の様子に応じて即興的に講義を展開していることから、「杜のまなびや」においても、受講生の様子に応じて即興的に講座の組み立て方を変更することで、受講生の学びの成立に迫ろうとしていた。それに対し、講師Cにおいては、講師C自身が必ずしも明確に意識はしていなかったものの、壇上を降りて受講生の近くで話をするといった、普段以上に相手に合わせた対応を行なっていたことがインタビューにおいて語られている。こうした受講生の様子に応じた即興的な対応は普段の講義においても当然のことながら行なわれているものと推測されるが、講師Bが「杜のまなびや」での講義を通して［教員主導のやり方が通用しない］という気づきについて言及していることから考えると、普段の大学での講義では、即興的な対応を織り交ぜつつも、大まかな展開は講師自身が予め想定していたストーリーに従って進めていることが推測される。それに対し、「杜のまなびや」においては、受講生の中に知的障害者が加わることによって拡張化および顕在化した受講生の多様性によって、相互作用的な講座の展開が促進されていたことがうかがえる。このように、「杜のまなびや」においては、普段の講義時とは異なる講義スキルがそれぞれ発揮されており、講師にとって「杜のまなびや」は自らの講義スキルを拡張させる機会となりうるものであるともいえるだろう。

　近年、大学に在籍する障害学生数は年々増加しており、障害学生の修学支援にあたっては、大学の教職員や相談担当者の障害に対する理解の促進が不可欠である（佐藤・徳永，2006）。そのため、多くの大学において、障害や昨今の障害者施策に関する理解を深めるための研修会等が企画・実施されている。文部科学省の「障害のある学生の修学支援に関する検討報告（第二次まとめ）」においては、授業支援における重要な点として、「まず、その変えることのできない本質の確認が必要である。その上でこの本質は変えることなく、提供方法を調整するとともに、授業内容や教科書、資料等へのアクセシビリティを確保することで、全ての学生が同等の条件で学べるようにすることが重要である」と述べてお

り、講義を担当する大学教員においては、「全ての学生が同等の条件で学べる」講義への転換が求められていると言える。知的能力や経験が多様な受講生を対象とした講座の企画・実施を求められる「杜のまなびや」への参画は、「全ての学生が同等の条件で学べるようにする」ための方法の模索がまさに求められるものであるものであり、大学教員としての資質・能力の向上を担う実践的な機会の一つとなりうるものであると考えられる。

4.　専門領域に関する新しい説明言語の獲得

　「杜のまなびや」は教養講座である。講師は、一見すると知的障害者からは距離のあるように思われる自身の専門領域に関する知見と、知的障害者をも含めた多様な受講生との接点を生み出し、かつ、専門的内容を受講生が理解することができるように講座を組み立て、説明することが求められる。このことにかかわって、講師らは「抽象度の高い言葉について例示すること」や「極端な例を出して説明をするという方略が学習者に対しては使えないこと」「自分がゆっくりと話すだけではなく、伝わる話し方をしなければならないこと」というように、知的障害者への説明の仕方のむずかしさについて言及していた。

　こうした課題に直面しながらも、講師らは通常の講義時とは異なる切り口やワードを用いながら講座を展開してきた。こうした講師らの対応は、決して専門的内容を簡易化したり、浅薄化したりすることを意味するものではない。講師らは従来とは異なる言葉を用いて自身の専門内容を捉え直しているのであり、それは、自身の専門内容について語る際の新たな説明言語を獲得することであるともいえる。

　他者に対して説明する行為によって話者自身の理解が深まることは広く知られつつあることであるが、伊藤・垣花（2019）は、他者に向けた説明が説明者の理解促進効果に与える影響を検討する中で、聞き手の知識状態によって生成される説明内容には違いが生じること、さらに、内容を知らない他者に対して説明する教授行為によって説明者の理解がより

促進されることを明らかにしている。こうした指摘を踏まえれば、「杜の
まなびや」での講師を務めることは、専門内容についての自身の理解を
さらに深めたり、講師自身の専門領域をより広い文脈の中に置き直した
りする営みとしても位置付けることができるのである。

第5節　本章のまとめ

　本章では、「杜のまなびや」で講座を担当する講師にとって「杜のまな
びや」はいかなる意味を有するものであったのか、3名の講師に行なわ
れたインタビュー調査の結果を検討することを通じ、講師の学びの様相
に迫ってきた。

　講師らの語りからは、「杜のまなびや」への参画を通じて、一口に知的
障害者といっても、実際に存在しているのは一人ひとり異なる個々人で
あるという認識の変容が生じたことが明らかとなった。さらに、知的障
害者が示した「わかりにくさ」や「理解のしにくさ」を講師らが自身の講
座の組み立て方や説明の仕方と関連付けて捉えた上で、自らの講座の組
み立て方や説明の仕方を変えることで対応していたことも明らかとなっ
た。こうした講師らの【講座における工夫と対応】や【普段の講義との相
違点】に関する気づきは、教育実践者としての変容として捉えることが
できよう。そして、こうした講師らの変容は、"大学が有する「知」を知
的障害者にとっても開かれたものとする"という「杜のまなびや」のコン
セプトの実現を支えるものであると同時に、講義スキルの拡張、自身の
専門領域に関する新しい説明言語の獲得というように、講師自身の専門
性の向上や拡張をも支えるものであるといえる。これらのことを概括す
れば、「杜のまなびや」は、講座を担当する講師をも含めた学び合いの場
であったということができよう。

　ここ10年ほどの間に、知的障害者を対象とした生涯学習支援に関す
る実践が全国各地で行われるようになり、その実施形態や内容、課題等
について少しずつ整理が進められててきている。しかし、講座を担当す

る講師に焦点を当てた研究は未だ行なわれていないのが現状である。こうした大学における知的障害者の生涯学習支援の取り組みにあたっては、特別支援教育を専門とする大学教員と、講座を担当する大学教員との協働が不可欠であるが（水内・鶴見・高橋, 2014）、こうした取り組みが、講座を担当する講師にとっても学びの機会となるような互恵的な関係の中で実施されなければ、その持続性・発展性は見込めないであろう。そのため、講座を担当する講師にとって講座を担当することがどのような意味を有するのかを明らかにすることは、こうした取り組みを広く推進していく上で欠かせないものであると考えられる。

　今回、「杜のまなびや」が講座を担当する講師にとってどのような意味を有するのかについて、講師のインタビューをもとに検討してきたが、今後、こうした検討がさらに重ねられ、その意義が広く共有されるようになれば、より多くの大学教員の実践を後押しすることができるであろう。そのことは、知的障害者への生涯学習支援の充実のみならず、大学におけるインクルーシブ教育の実現にも繋がっていくであろう。

【引用文献】

伊藤貴昭・垣花真一郎 (2019) 説明状況の違いが説明者自身の理解促進効果に与える影響―相手に教授する状況と自分の理解を確認する状況の比較―. 教育心理学研究, 67, 132-141.

水内豊和・鶴見真理子・高橋千苗 (2014) 国立大学における障害者を対象とした公開講座に関する実態. 日本教育工学会論文誌, 37 (4), 513-519.

文部科学省「障害のある学生の修学支援に関する検討報告（第二次まとめ）」平成29年4月.

佐藤克敏・徳永　豊 (2006) 高等教育機関における発達要害のある学生に対する支援の現状. 特殊教育学研究, 44 (3), 157-163.

杉山　章・鈴木恵太・滝吉美知香・笹原未来・野崎義和・横田晋務・岡野　智・新谷千尋・新村亨子・川住隆一 (2009) 知的障害者と大学生が共に学ぶオープンカレッジの意義―講師をした大学教員の気づきより―. 東北大学大学院教育学研究科　教育ネットワークセンター年報, 9, 21-32.

第8章　学生スタッフ及びオブザーバーの学び

　第6～7章で示したとおり、「杜のまなびや」への参加によって、学習者のみならず共同学習者や講師にも学びが生じていた。この点に着目すると、「杜のまなびや」は障害の有無をこえてあらゆる立場の人々にとっての学びの場として機能していると考えられる。そしてそれは、「杜のまなびや」を企画・運営する学生スタッフや、「杜のまなびや」にオブザーバーとして参加した家族・福祉支援者等についてもいえるだろう。

　そこで本章では、学生スタッフやオブザーバーが「杜のまなびや」をどのように捉え、どのような学びを得ることができたかについて検討する。なお、本章における「学び」とは、何らかの知識・技能の獲得のみならず、考えの深まりや変化、気づきなどを含むものとする。

第1節　学生スタッフの立場から

　「杜のまなびや」の学生スタッフは、発達障害学分野に在籍する学生や特別支援教育等に関心のある他分野の学生で構成され、年度計画の立案、受講生の募集や事前・事後対応、講師との打合せ、当日の進行、論文執筆による成果報告などが主な活動内容として挙げられる（詳細は、第3章参照）。このように、学生スタッフは「杜のまなびや」を通して、企画・運営面の活動や研究活動、そして受講生や講師といった様々な人とのかかわりなど多様な経験をすることができる立場にあり、その経験から何らかの学びを得ていると推測される。しかし、「杜のまなびや」を含め、学生がスタッフとして企画・運営などを務めるケースは各地のオープンカレッジにおいて見受けられるものの、彼らがどのような学びを得たか明らかにした報告はほとんどないのが現状である。こうした中、数少ない先行研究として、廣森・山内（2009）と淀野・永須・竹内（2012）

が挙げられる。

　廣森・山内（2009）は、"サポーター"（当日の運営や知的障害者の学習支援などを担う）や"スタッフ"（企画や事前準備、当日の運営、報告書作成などを担う）として参加した学生ボランティアを対象とした調査を実施している。そして、学生ボランティアは、参加経験によって、知的障害者とのコミュニケーションのとり方を身につけるだけでなく、知的障害者についての理解、オープンカレッジの理念についての理解などの点で学びを得ていたことを明らかにしている。また、"スタッフ"からは、オープンカレッジでの経験が他の活動に生かせることとして、企画・運営に関する経験が挙がったと報告している。具体的には、「何かの交渉」「写真などの記録のとり方」「活動の魅力をほかの人に伝える」などである。そして、廣森・山内（2009）は「スタッフとしてさまざまな役割を担い、運営を成功裡に導くことができれば、それは自信につながるだろう」と、学生がスタッフを務めることの意義を述べている。

　淀野ら（2012）も、"サポーター"及び"スタッフ"（それぞれの役割は、廣森・山内（2009）とほぼ同様である）として参加した学生ボランティアを対象とした調査を実施し、学生ボランティアが知的障害者とのかかわりを通して、自分自身のコミュニケーション能力やコミュニケーションの在り方について振り返っていたことなどを報告している。また、「サポーターを統括するスタッフは、オープンカレッジ当日よりも、企画・運営段階で多様な学びがあった」と述べ、「一つの物事を成し遂げるための、連絡を取りあうことや合意形成、人間関係づくりや信頼関係を築く過程そのもの」が社会人として働くための学びになっていると考察している。このことから、スタッフとしての経験は学生の卒業後の生活に肯定的な影響を及ぼすと推察される。

　しかし、廣森・山内（2009）と淀野ら（2012）の調査は在学生を対象としたものであり、廣森・山内（2009）は研究の限界として「卒業後に彼女・彼ら自身の中になにが残っていくのかは不明である」と指摘している。それでは、学生スタッフとしての経験やそれによって得られた学び

が時間の経過とともに完全に消失するのではなく、卒業後にも何かしら
の形で残るとするならば、それは具体的にはいったいどのようなものな
のだろうか。

　こうした問いのもと、筆者らは「杜のまなびや」で学生スタッフを務
めた卒業生（以下、「元スタッフ」）を対象に、「杜のまなびや」を通して
得た学びに関するインタビュー調査を実施した（野崎・滝吉・横田・佐
藤・佐藤・永瀬・松﨑・川住・田中，2012）。そして本節では、8名の元
スタッフの語りを取り上げながら、以下の2点を明らかにすることとす
る。1点目は8名の在学時の学びの内容についてであり、2点目は学生ス
タッフとしての経験が卒業後の生活や意識にどのように反映されている
かについてである。

1．インタビューの協力者と方法

　調査協力を得た8名の元スタッフの概要については、表8-1のとおり
である。8名中4名（A〜D）は、「杜のまなびや」が初めて開催された
2006年度から学生スタッフとして参加し、「杜のまなびや」の理念と活動
基盤の形成に携わっていた。他の4名（E〜H）は、2007年度以降に加入
して活動基盤の維持に携わっていた。ほとんどの元スタッフが当時は大
学院生であり、また、8名中2名は社会人学生であった。そして、インタ
ビュー実施時において、元スタッフのほとんどが教育関係の仕事に就い
ており、そのうち3名は大学教員であった。

　インタビューは半構造化面接形式で行い、①学生スタッフとして活動
していたときの中で特に印象に残っていること、②学生スタッフとして
携わる中で生じた自身の意識の変化（特に、知的障害者、自身の専門性
の生かし方や企画・運営能力、障害の有無をこえての共生社会、高等教
育について）、③学生スタッフとしての経験が現在において生かされて
いると感じることの3点を中心に聴取した。

　なお、次項以降に示す元スタッフの語りは、野崎ら（2012）が実施した
インタビュー調査のデータを再分析したものである。そのため、野崎ら

（2012）の報告では取り上げていない元スタッフの語りもある。

表8-1　インタビューに回答した元スタッフの概要

	初参加年度	初参加時の身分	スタッフ経験年数	インタビュー実施時の職業
A氏	2006年度	博士研究員	4年	大学教員
B氏	2006年度	博士課程後期	4年	大学教員
C氏	2006年度	博士課程後期	2年	大学教員
D氏	2006年度	博士課程前期（社会人学生）	4年	就学前巡回相談支援員
E氏	2007年度	博士課程前期（社会人学生）	3年	自営業（音楽教室）、専門学校非常勤講師
F氏	2008年度	博士課程前期	2年	小学校教員
G氏	2009年度	博士課程前期	1年	会社員
H氏	2010年度	博士課程前期	1年	特別支援学校教員（小学部担当）

2．インタビューで語られた学生スタッフの経験を通して得られた学び

　主な学びの内容として、次の9点を取り上げる。すなわち、①知的障害者観の深まり、②障害の有無をこえて「ともに学び合う」ことに関する気づき、③知的障害者に対する高等教育機会の保障の重要性、④他大学での取り組みとの比較による「杜のまなびや」の独自性の再認識、⑤研究知見と専門性の社会還元の場としてみたときの「杜のまなびや」の意義・課題、⑥インクルーシブ教育の推進や共生社会の発展の願い、⑦共生社会の実現を目指す上で高等教育機関に期待される役割と課題、⑧集団で協働することの難しさ・面白さ、⑨人との付き合い方・活動への関与の仕方についての葛藤と自己理解である。

　①〜⑦は、学習者、共同学習者及び講師などの姿を通して得られた学びや、「杜のまなびや」をきっかけに高等教育や共生社会の在り方について関心を深めたことで得られた学びである。これらの中には、①のように共同学習者という立場でも獲得しうる学びも含まれる。一方⑧と⑨は、必ずしも「杜のまなびや」でなければ得られない学びとは言い難いが、企

画・運営を担う学生スタッフという立場だからこそ得られた学びである。

(1) 知的障害者観の深まり

　学習者の様子を見ることや直接かかわることを通して、知的障害者が学びたいという気持ちを持っていることを再認識したり（A氏）、知的障害者の就労に関する新たな知識を得たり（E氏）と、知的障害者に対する認識・イメージが深まったことがうかがわれた。

> ・「やっぱり、学びたいという気持ちが彼らにあった、学びに対するニーズが知的障害のある人たちにもしっかりあるんだ、とわかった。」（A氏）
> ・「一般企業で働いている人もいるっていうのは、テレビとかでよく特集が組まれていたり、そういうのではチラッと見たり聞いたりっていうのはあったけれども、実際に目の前にそういう人たち、一般企業なりで働いている人たちとふれ合うっていうのが初めてだった。就労に関する深い知識というか、こういう場所でこういう仕事があってこういうことをやってるんだとかって詳しくなかったから、驚きもあり感心もあり、勉強になった。」（E氏）
> ・「発達障害の人とはまた違うなっていう感じがした。発達障害の中にも自分の好きなことをいろいろ笑顔でバーっと言うような人もいるけれどもそれとはまた違う。（中略）こっちのほうからお膳立てしたり、引き出そうとしたりするのは必要がない人たちなんだなって感じた。」（G氏）
> ・「対等な立場というか、障害のあるないとか全然関係なく話ができた。」（H氏）

(2) 障害の有無をこえて「ともに学び合う」ことに関する気づき

　学習者と共同学習者とのかかわり合いを支援する立場にある学生スタッフは、どのような状況設定や声がけをすればかかわり合いが展開す

るかを考えながら活動していた。そして、学習者に対して身構えている人（F氏）、回を重ねるにつれて自然なかかわりをしている人（C氏）など、様々な共同学習者の姿を見ることで、共同学習の難しさと面白さを感じていた。

　また、C氏の発言は、「学習者に関する情報を共同学習者にどこまで提供するべきか」、また、「学習者への対応について共同学習者にどのように伝達するべきか」という問題提起へつながるものであったといえる。学習者に関する情報不足は共同学習者を不安にさせる可能性があるため、一定程度の説明は必要である。その一方で、スタッフからの過剰な情報提供や具体的なかかわりの指示等は共同学習者の自由な考えや行動を抑制し、その結果、学習者と共同学習者の関係を「ともに学び合う」ではなく「支援される－する」にしてしまう危険性があることに留意しなければならないだろう。

・「（共同学習者は学習者に対して）構えちゃっているなというのはありました。果たしてそれが、障害を持っている人を相手にしているからなのか、講義の場だからなのか何なのかはわからないけど、学習者の人たちが盛り上がっているところに、共同学習者の人たちも同じように盛り上がっていたかと言えば、そうとは言い切れないところがあって。（中略）ざっくばらんになれていないというのは思いました。（学習者を）傷つけまいと頑張っているような。」（F氏）

・「『知的障害のある人をフォローしてください』とか、『学習を援助してください』っていうような言い方を共同学習者にはしていない。『一緒に学んでください』って言っていた。回が進むにつれて本当に友達同士でテーブルに座っているような、勉強をしているような感じで、その場に一緒に居合わせるのを見て、先入観とか余計な情報がないことによって、自然にすんなりとかかわれることがあるんだろうな。」（C氏）

(3) 知的障害者に対する高等教育機会の保障の重要性

　知的障害者は高校卒業後の就労ばかりが大きな課題として注目されていること（D氏）や、知的好奇心を満たすことのできる場が設定されていないこと（B氏）を指摘していた。そして、高等教育機関としての大学での授業を通して学問にふれる経験が、知的障害者にとっていかに有意義で大切であるかという気づきを得ていた（C氏・E氏）。

　　・「小学校から高校までは、何となく見通しがある。しかし、その後については、現場は行き先を作るために何とか就職させたいということになる。行き先作りの就職を重視する中で、やっぱり学習は大事なんだと感じた。」（D氏）
　　・「大学生と一緒に学べる機会というのが、あちこちにあったら、きっと珍しくなければ、（付き添いの）親御さんだって（『杜のまなびや』に）来ない。逆に言えばここしかない。」（B氏）
　　・「知的障害のある人が本当に熱心に聞いて、メモを取って、大学生と同じように学んでいる姿を見て、学問というものが障害のある人にとっても大切なことなんだなって思いました。」（C氏）
　　・「『杜のまなびや』に来ている学習者は、すごくいい経験になっているのではないかと思う。大学の先生が講義をするのと、小学校・中学校・高校の先生が話す内容はやっぱり違う。より専門的な話も聞けるし、大切なのではないかと思う。」（E氏）

(4) 他大学での取り組みとの比較による「杜のまなびや」の独自性の再認識

　学生スタッフとして、「杜のまなびや」当日の運営に携わることに加え、論文執筆（E氏）やスタッフ内での話し合い（C氏）などの機会を通して国内外の生涯学習支援や高等教育の動向に関心を寄せたことで「杜のまなびや」の独自性を再認識することができたといえる。

　　・「論文を書いて（各地の取り組みを）概観していったときに、ほ

とんどが地域資源を使って、大学の先生が出前で講義するみたい
なのが目立つように思って。そういった中で『杜のまなびや』は
違うと思う。だから、そういった意味でもこの取り組みってすご
くユニークだと思う。」（E氏）

・「話し合いのときや先行研究を調べたりするときとかでも出てき
た話題の中で、他大学でもオープンカレッジをやっているのが
あって、そういうのを調べてみたりしたときに、他大学は体育と
か運動とか芸術とかっていうのが多かったり、あるいは将来の仕
事に直結するのがオープンレッジの中に入ることが多いんです。
でも、『杜のまなびや』でやったのは、錯視とか自分というもの
をどういうふうに考えるのかということで、それを知ったからと
いって何ともならないですよね。それがお金になるかとか職業に
生かされるかといったら、そんなに生かされるものではないで
すよね。でも、知的障害のある人たちが熱心に話を聞いて「面白
い！」と思って学習していたのを見て、お金にならなくても仕事
に生かされなくても学問をすること自体がその人の生活っていう
か、人生において大切なんだなって。そういう意味で心理学とか
を『杜のまなびや』では取り入れようとしているのがすごくいい
なって思っているんですよ。」（C氏）

(5) 研究知見と専門性の社会還元の場としてみたときの「杜のまなびや」
の意義・課題

　研究知見と専門性をあらゆる人に理解しやすい形で社会に還元するこ
とが大学及び大学教員の役割であると捉えたとき、「杜のまなびや」はそ
の実践の場として機能しているといえる。元スタッフはこうした視点か
らも「杜のまなびや」の意義について考えており（B氏）、また、内容の質
を落とさずに、誰にとってもわかりやすくて知的好奇心を刺激するよう
な授業の提供に努めることの大切さ（C氏）と難しさ（E氏）を痛感して
いた。

・「基本的に専門家と呼ばれる立場の人は、自分がやっていることを幼稚園児とか小学生にもわかりやすく説明できるべきなんだと思っていて、『杜のまなびや』というのはまさに、そういう力量を大学が問われている場なんだなって思っていました。」(B氏)

・「結局、知的障害者が『面白い！』『これならわかるぞ』っていうことは、障害のない人たちにとっても面白いと思える。共同学習者の事後アンケートを見ると、知的好奇心をくすぐられていたんですよね。大学生ももっと知りたいとか、自分で調べてみたいという気持ちが出てきたわけだから、知的障害のある人がわかるようにと内容のレベルを落として簡単なことをするのではなくて、工夫さえすれば一緒に学べるんですよね。」(C氏)

・「講師になった先生が結構難しい言葉をたくさん使っていた回があって難しいなぁと思って。もっとみんなにわかるように話してくれれば、もっともっと受講生も理解が深まるんだろうなぁと思った。」(E氏)

(6) インクルーシブ教育の推進や共生社会の発展の願い

「杜のまなびや」で見た学習風景が特別なものから自然なものへとなる日が来ることを願う(H氏)など、インクルーシブ教育や共生社会に対する志向を高めていることがうかがわれた。

・「もっと小さいうちから障害のある方がいるのが普通っていうのがあるといいのかなっていうような気がします。そういう学習場面みたいなことが普通に見られる光景になればいいなって。」(H氏)

・「障害のある子どもにかかわる場はあるにしても、成人になってから成人の障害者と接する機会というのは、本人がボランティアなどに興味を持って参加しない限りはないと思う。そんな機会を設定していくことが、地域の共生社会を作るにあたって大切だと思う。親御さんたちもそういう機会があれば嬉しいと思う。」(D氏)

(7) 共生社会の実現を目指す上で高等教育機関に期待される役割と課題

　共生社会の実現を目指す上で、特に大学などの高等教育機関において障害の有無に関係なく誰もが学べるようになっていくことが重要であるという考えが述べられた（B氏・C氏・E氏）。その一方で、A氏のように、高等教育機関において知的障害者の学びは成立するのかという疑問・葛藤を抱いた元スタッフもいた。

- ・「ある種の新しい大学の在り方というか、知的障害の人たちの教育の保障という意味での大学の果たす役割みたいなのが、もう少し今よりも拡大できるんじゃないのかな。」（B氏）
- ・「小学校・中学校などの年齢の低いときにはインクルージョンで一緒の教室でやるけど、上に行くほど別れてしまう。だから、高等教育を障害のある人もない人も一緒に受けられるっていうことが、共生社会のことを考える上で大切な要素なのかな。」（C氏）
- ・「全国各地いろんなところで、（『杜のまなびや』のような）高等教育（の機会）がもっとないのかな、もっとあればいいのになと思う。」（E氏）
- ・「高等教育機関っていうのは、高等教育機関としての、もともと持っている使命があるわけだから。そこに知的障害を持っている人がちゃんと入ってこれるかっていうと、やっぱりそこは難しいところがある。」（A氏）

(8) 集団で協働することの難しさ・面白さ

　インタビューの中では、B氏、E氏、F氏及びG氏のように、「杜のまなびや」の開催に向けて関係者が一丸となって取り組んでいくことの難しさや面白さに関する語りも得られた。「杜のまなびや」は年3回の開催を基本としており、年間の開催回数としては決して多いわけではないが、年度計画の立案、受講生の募集や事前・事後対応、講師との打合せ、当日の進行、論文執筆による成果報告など、学生スタッフは年間を通し

て動き続けている。元スタッフは、知的障害者を対象とするオープンカレッジが今後さらに拡大・充実していくことを願う一方で、年に3回開催するだけでもいかに多くの打合せや準備を必要とするか、そしていかに多くの人の協力・連携が必要であるか、オープンカレッジの企画・運営の難しさも痛感している。しかしながら、「杜のまなびや」の理念に向かって関係者が一丸となって取り組む過程そのものが貴重な学びの機会であったことがうかがわれた。

- 「私は本当に裏方しかしていなくって、会計とか、物品を買いに行くとか、後は機材の準備とかビデオカメラを用意するとか、当日もほとんど記録ばっかりだったので、マネジメントと呼べるようなことは、役割としてしてなかったし、あんまりできてなかったと思います。逆にでも、マネジメントをしてた人に対してはもうちょっとヘルプをするべきだったんじゃないかと思ってます。役割分担はしてたけど、協働はしてなかったんじゃないかと今は思いますね。」（B氏）
- 「みんなでやることの良さはすごく感じた。『楽しいなぁ』とも思ったし。でも、多くのスタッフがいる分、意見も様々だし、思うことも様々だから、やっぱり意見の食い違いというか相違はあって当然なんだけれども。」（E氏）
- 「ひとつのことをみんなで協力して作り上げていくのって面白いなと思いました。誰かと一緒にひとつのことをいろんな人と役割分担してやっていくことに抵抗がなくなりました。」（F氏）
- 「○○さん（ある学生スタッフ）もお忙しくて、（講師の）先生もなかなか時間が取れないっていうことだったのでスケジュールのマネジメントがなかなか難しくて。」（G氏）

(9) 人との付き合い方・活動への関与の仕方についての葛藤と自己理解
　E氏及びH氏は、在学中、他の学生スタッフに対する遠慮があったこ

とを述べていた。年齢や所属の違いによって、一部の学生スタッフが他の学生スタッフになかなか指示や依頼ができなかったり、積極的に活動にかかわることに躊躇したりすることがあるという点は、「杜のまなびや」においてより良い運営を目指す上で今後留意すべき課題のひとつであるといえる。その一方で、例えばE氏が自分は年下の人とのコミュニケーションが苦手なのだと改めて感じるなど、学生スタッフの経験を通して人との付き合い方や活動への関与の仕方について、自分はいったいどのような傾向があるのかを理解する契機になったとも捉えられるだろう。

・「改めて年下の人とのコミュニケーションが苦手だなって思った。年下の学生スタッフに、何か指示を出すというか、『これやって』みたいなことを上手く言えなくて。たぶん苦手意識が先行してしまうのかな。結局、自分でやってしまうみたいな。」（E氏）
・「自分は肩書きとしては違う学科の人間だから、そこでどこまでかかわってもいいのかなというのは、なんかちょっと躊躇するというか。やっぱり『参加させてもらっている』という意識があったのかなっていう気はしますね。」（H氏）

　第3章で示したとおり、学生スタッフの活動内容は年間を通じて多岐にわたる。企画・運営の面では、受講生、講師及びオブザーバーなどの様々な他者とかかわり、また、講師の補助や討論司会者などの様々な役割を経験することができる。研究の面では、テーマの立案、文献・データの収集や論文執筆、スタッフ内での研究に関する議論などを通して、多くの考えや知識にふれることができる。そして、このような多岐にわたる活動一つひとつから学生スタッフは学びを得ていることが、元スタッフの語りから示唆された。

3．学生スタッフとしての経験と卒業後の生活や意識との結びつき
　学生スタッフとしての経験が現在において生かされていると感じるこ

とについては、①障害の有無をこえた共同学習の在り方に関する示唆を得た、②教員や障害のある子どもの保護者に対する情報提供・助言に役立つ、③より長期的な視点を持ちながら子どもへの指導・支援や保護者対応ができる、④共生社会の実現に向けて今自分にできることやこれから取り組みたいことを見いだした、の4点が挙げられた。

(1) 障害の有無をこえた共同学習の在り方に関する示唆を得た

　B氏及びC氏からは、障害の有無にかかわらずともに学び合う形としてどのような環境設定や活動提供をすることができるかについて考える上で、「杜のまなびや」での経験が基盤になっていることがうかがえた。

・「インクルーシブ教育の在り方を考えるときの1つの基点になっているのは『杜のまなびや』だなとは思います。今の仕事として、特別支援学校だけではなくて通常学校の授業を見に行く機会も結構あるんですけど、必ずどこのクラスにも『気になる子』が1人や2人はいて、そこでの授業をどう作っていくかというのがどこでも課題になっていて。それはもう、『気になる子』にどう対応するかっていうレベルから、『気になる子』という子どもたちと他の子どもたちがお互いに学び合える授業をどう作っていくかというような考え方に少しずつ変わってきているし、そうあるべきだと思うし、そういう意味での1つの基点になっているかな。」（B氏）

・「○○大学でもオープンカレッジがあって、障害のある人たちに学びの機会を保障している。ダンスや芸術活動、大学院生などをジョブコーチのように配置して職業実習をするなどがメインの活動を行っている。もし、『杜のまなびや』をやっていなかったら、障害のある人たちと一緒に創作活動をやっていいなと思っていたと思うが、批判的なわけではないが、『杜のまなびや』で学問をやって知的障害者が知的好奇心をくすぐられるような姿を見て、

創作活動以外にもこの人たちはもっと別な学びをすることができ
るのにな、と新しい視点を身につけることができた。」(C氏)

(2) 教員や障害のある子どもの保護者に対する情報提供・助言に役立つ
　障害のある子どもが高校(高等部)を卒業した後の生活や居場所につ
いて、教員や保護者から質問や相談を受けることが多いA氏及びE氏は、
「杜のまなびや」やそこに参加していた学習者の姿を例に挙げながら情報
提供・助言をすることができると述べていた。

・「発達障害の分野でも、いま学校を出た後のフォローがほとんど
　ない。そんな中で、何をどうフォローするかが大きな課題。余
　暇活動の支援もそうだし。そういうのに、『杜のまなびや』の経
　験というか、こういう取り組みがあるんだよ、というのがプラス
　になっている。(中略)巡回相談で高校にもよく行くんですけど、
　そんなときに、この活動を思い出しますね。高校のニーズは結構
　高いですよ。『小・中学校はその後の学校に送り出せばいいけれ
　ど、高校は自分のところを出したら後がない。どんな行き先が
　あって、そこに行くためには今何をしたらいいですか?』という
　ような質問をよく受ける。」(A氏)
・「(高機能自閉症やアスペルガー症候群の人の)就労に関して(発
　達障害当事者の)親もあまり深く知らなかったり、『働けないん
　じゃないか』とか『どこかの施設に入らないといけないんじゃな
　いのか』とか思っている親御さんもいて。でも、この『杜のまな
　びや』ではいわゆる一般企業で仕事している(知的障害のある)
　人たちも実際いる。だから、就労に関して『実際こういう人もい
　るんですよ』というような助言とか、そういったのはできるのか
　なと。」(E氏)

(3) より長期的な視点を持ちながら子どもへの指導・支援や保護者対応
　　ができる

　D氏及びH氏は、「杜のまなびや」の参加者（特に学習者）との出会い
やかかわり合いを通して、数年〜十数年後の姿をイメージしながら子ど
もの実態を捉えるようになった点が現在の仕事に生かされていることを
実感していた。

・「今の仕事で、保護者と話すときに、少し長い目で子どもの人生
　を見た観点から話せるようになったというのはある。特に就学
　前の子どもを持つ保護者は、目の前のことだけで話すとプレッ
　シャーに感じたり、嫌な気持ちを持つことにつながったりする。
　障害を受け入れられない保護者や、将来子どもがどうなるのか不
　安に思っている保護者に対して、目の前のことだけじゃなく話が
　できる。幼児期の保護者は、相談の場ではたいてい目の前のこと
　だけ『あれしなさい、これしなさい』と言われることが多いよう
　に思う。幼児という発達段階に特化した専門性を持つことも大切
　だが、今後の成長や人生を見通して保護者に対していろいろな選
　択肢を織り交ぜながら話せるようになったと自分で感じる。それ
　は『杜のまなびや』を通していろいろな人に出会って、いろいろ
　な人の話を聞いたからこそ、そういう話ができるようになったの
　だと思う。」（D氏）
・「(障害のある) 子どもとかかわっているわけなんですけども、将
　来こういうふうになるのかなみたいな、ビジョンじゃないけどそ
　ういうことを考えてかかわるようになった。この子たちに今何が
　できるのかなとか、大人になるときにこういったことを経験して
　いくためには今どんなことをさせてあげるといいのかなとか、勉
　強させてあげられるのかなということを結構考えるようになっ
　た。」（H氏）

（4）共生社会の実現に向けて今自分にできることやこれから取り組みたいことを見いだした

　F氏は教育の視点から、G氏は雇用・就労の視点から、共生社会の実現に向けて自分には今何ができているのか（できていないのか）を分析するとともに、今後何をしていきたいかというビジョンを抱いていた。

・「小学校の先生として、共生社会を考えて子どもを育てていきたい。（また、今後もし）特別支援学校の先生になったとしたら、こういう（『杜のまなびや』のような）場に積極的に入っていけるように（生徒たちに）勧めたいというのがあります。」（F氏）

・「直接発達障害者とか知的障害者と接する仕事ではないというのもあるけれど、ただ、意識は変わった。やりたいことに対する情熱とか前向きなところとかそういうのは『杜のまなびや』を通じてたくさん見たし、将来的に障害のある人の職場を作ったり広げたりする手伝いができればいいなっていうのも、『杜のまなびや』の人たちの姿を実際に見ているからというのもあると思う。決して叶わない目標じゃないんだなっていうのも、参加者の人たちの姿に感じたと思います。だから今そういう目標に向けて頑張れているのはそういう経験のおかげっていうのがあるかなと。まだ具体的に生かせているわけではないのがちょっと申し訳ないような気がしますが。」（G氏）

　以上のように、学生スタッフとしての経験と卒業後の生活や意識との結びつき方は様々であった。ただし、障害児・者支援に携わる仕事に就いている元スタッフが多かったため、G氏のように障害のある人と接する機会が少ない仕事に就いている者の声をさらに集められれば、今回示したものとは異なる結びつき方が見いだされるかもしれない。

　また、卒業後に教員となったB氏、C氏、F氏及びH氏の4名に着目すると、教育の在り方について言及している点では共通していたが、言及

の視点が少し異なっていた。B氏及びC氏は、「『気になる子』という子ど
もたちと他の子どもたちがお互いに学び合える授業をどう作っていくか
というような考え方に少しずつ変わってきているし、そうあるべきだと
思う」「創作活動以外にもこの人たちはもっと別な学びをすることができ
るのにな、と新しい視点を身につけることができた」など、どのような
学び合いの場をどのように作っていくかという視点で述べており、受講
生同士の交流を俯瞰した経験が考えの基盤になっているように思われた。
一方、F氏及びH氏は、「小学校の先生として、共生社会を考えて子ども
を育てていきたい」「将来こういうふうになるのかなみたいな、ビジョン
じゃないけどそういうことを考えてかかわるようになった」など、自分
自身がどのように子どもたちと向き合っているか（向き合っていきたい
か）という視点で述べており、受講生と直接交流した経験との結びつき
がうかがえた。そしてこれは、スタッフとしての関与の仕方だけでなく、
現在の職種においてどのような立場から教育実践を分析することが多い
かの違いも関係していると推察される。

第2節　オブザーバーの立場から

　本節では、オープンカレッジにおける知的障害の生涯学習支援の意義
として家族へのインタビュー調査を実施した岡野ら（2010）の報告を踏ま
えて加筆し、オブザーバーの立場からみた「杜のまなびや」について述べ
ることとする。
　「杜のまなびや」には、学習者の家族や福祉支援者等のオブザーバーも
数名見学していた。オブザーバーは同じ教室内には居るものの直接講座
に参加しているわけではないため、受講生、講師及びスタッフとは異な
る“一歩離れた”視点から「杜のまなびや」の取り組みを評価することが
できると思われる。また、学習者と日常的に接している立場にあるため、
学習者の社会生活全体を俯瞰し、「杜のまなびや」がどう位置づいている
かを捉えることができると考えられる。以上より、オブザーバーの視点

を取り入れていくことは、「杜のまなびや」の意義や内容を再考し、新たな視座を得る契機となりうるだろう。

　そこで、「杜のまなびや」に3年間継続して参加している知的障害者の保護者I氏・J氏・K氏（受講生1名につき家族1名）と福祉支援者L氏にインタビューを行なった。質問項目は、①「杜のまなびや」の全般的内容について、②成人期の学習の場としての「杜のまなびや」について、③学習者の変容についての3点であった。これら3点により、前述したオブザーバーならではの"一歩離れた"視点から「杜のまなびや」を評価してもらうとともに、「杜のまなびや」での経験が学習者の日常生活にどのような影響を及ぼしているかを探ることとした。

　4名の対象者は「杜のまなびや」の取り組みの目的や講座内容について事前に知らされた上で回答した。インタビューは半構造化面接によって行ない、質問項目①〜③への回答とオブザーバー自身の学びが示唆される発言を抽出・整理した。

1. 「杜のまなびや」の全般的内容について
　「杜のまなびや」についてどう思うかを尋ねたところ、①学習の場・雰囲気と形態、②講座内容の難易度、③講座内容への希望と今後の展望という3つの視点から述べられた。

(1) 学習の場・雰囲気と形態
　オブザーバーは、学習者の講座内容の理解度に関わらず、学習者が普段訪れる機会の少ない大学に行くこと（I氏）や、日頃から接する機会の少ない大学生や大学教員たちと接すること自体（K氏・L氏）に価値を見いだしていることが窺える。また、学習者の表情や発言から、家族のみならず、学習者自身にとっても「杜のまなびや」を楽しみにしているということ（I氏）がインタビューから示されたといえる。

　　・「本人にとって大学に行く機会が殆どないので。雰囲気を感じる

　　ことは結構できるため、本人も楽しめている部分はあると思う。」
　　（保護者 I 氏）
・「大学生やオープンカレッジで学ぶ子どもたちや、みんな一緒に
　　なって話をし、違和感がない。」（保護者 K 氏）
・「知的障害者の本人たちと若者たちと一緒に勉強するというスタ
　　イルが非常に斬新だと思った。（中略）根底に置いているのはコ
　　ミュニケーション。ちゃんと会話していって、考えていく、もし
　　くはみんなで議題を出して解決していくっていうこと、そういう
　　ことをちゃんと念頭に置いているのがいいなぁと。」（福祉支援者
　　L 氏）

（2）講座内容の難易度

　講師やスタッフは内容的な難しさがあることを前提に、学習者にも分
かりやすい言い回しや言葉遣いに配慮し、講座内容によっては体験型を
取り入れるなどの工夫を行なった。その結果、こうした工夫に対する肯
定的評価（I氏）や「分かりやすくていい」というコメント（K氏）が得ら
れた。しかし一方で、「うちの子には難しい」（I氏）や「中身の理解はど
こまでできるのだろう」（K氏）など、講座内容の難しさを指摘する者も
いた。

・「内容が理解できるのかな？うちの子には難しいかなと思った。
　　（中略）話を噛み砕いてくれているんだろうなとは思う。」（保護
　　者 I 氏）
・「知的障害が重いため、中身の理解はどこまでできるのだろう
　　か？」（保護者 J 氏）
・「分かりやすくていいという話を（他のお母さんと）したことが
　　あった。」（保護者 K 氏）

(3) 講座内容への希望と今後の展望について

　家族からは本人の現状を踏まえた上で今後の社会生活にも役立つ講座内容の提供（I氏・J氏）について、福祉支援者からは他機関との連携による運営（L氏）について、それぞれ意見を得た。

　　・「本人が役に立つ、身に付くような部分が入った講座みたいなのをちょっとしていただけたら嬉しいなと。お買い物の部分とか、どういうふうにお金を使うべきなのかとか。」（保護者I氏）
　　・「人間関係を、どうこう楽しむかみたいなのを、本人が楽しみ方を知らないんじゃないかって思うのがいっぱいあるので、人とこういうことを楽しむとか、こういう関係を作って…。」（保護者J氏）
　　・「こういう取り組みっていうのは、この大学の力で、全体的に広める、他の大学にもとか、あと他の地域にもとかっていうのは、やっぱりそれは大学だけではきついと思うんですね。そういうときに公的機関とか。（中略）協力しながらやっていくってことが将来、もしできたらいいなぁなんて。」（福祉支援者L氏）

２．成人期の学習の場としての「杜のまなびや」について

　成人期の学習の場として「杜のまなびや」をどのように捉えているか尋ねたところ、オブザーバーからは次の2点が指摘された。すなわち、①高校卒業以降の学習の場や機会が少なく、そうした場や機会を探すことが難しいことと、②成人期知的障害者にとっての生涯学習・共同学習の重要性についてである。

(1) 高校卒業以降の学習の場や機会の少なさについて

　特別支援学校等の高等部終了後、学習させたいと家族が望んでも高等教育機関等での学習の場や機会が少ないこと（I氏・J氏）、また、そうした情報が得られにくいこと（K氏）がインタビューからうかがわれた。

- 「学校を出たとたんに全く本人が選ばない限り行けるような所がない。」（保護者 I 氏）
- 「小学校 6 年、3 年、3 年で 12 年で教育は終わってしまうため、そういう人たちは否応なく社会に出るか作業所に行く。」（保護者 J 氏）
- 「本人はもっと知りたいという気持ちがすごくあるが、どこに行ったらいいのか分からない、どういうふうにしたらいいのか分からない、親も子も。」（保護者 K 氏）

(2) 生涯学習・共同学習の重要性について

　4 名とも生涯学習・共同学習の重要性を感じており、中には、討論などにおいて学習者と共同学習者が互いの知識を補い合う姿に「杜のまなびや」の独自性を見いだしている者（L 氏）もいた。

　オープンカレッジという場については、障害の有無に関わらず、ともに討論することや、互いの立場を活かしながら会話を広げて深めていくことの可能性と必要性が感じられた。学習者の殆どは就労しているということもあり、就労の場で経験したことなどを共同学習者含め、人に伝えるという機会にもなったのではないだろうか。相手の話を聞くことで新たな発見をした者もいたであろうし、内容によっては共感した者もいたであろう。一個人として尊重し合いながら「杜のまなびや」に参加し、活発な討論が展開されたことは、オブザーバーもそういった様子を見て肯定的に捉えていることがうかがわれた。

- 「少しでもみんなで何かを学ぶみたいなものが生涯必要なのではないかと思う。」（保護者 I 氏）
- 「時間をかけ、いろいろなことを学んでいくことは必要なのではないかと思っている。」（保護者 J 氏）
- 「学習の場というのはあったらいいなと漠然とは思っていた。そういう機会がありとてもいいなと思った。」（保護者 K 氏）
- 「学生さんにとってちょっと知らない部分は成人になった知的障

害の人たちが社会経験上から話をしたり、一方で学生さんの持っている知識とか知恵、そういったものについて知的障害者の知らないところを補ってもらったりとか（中略）そういったことは生涯学習としてやってるところは少ないですよね。だからそれがすごく大切だなと思った。」（福祉支援者 L 氏）

3．学習者の変容について

「杜のまなびや」に参加した前後で学習者の行動や様子にどのような変化があったかについて尋ねた。その結果、「杜のまなびや」で自分が人前で話したことが契機となり、様々な場において人前で話をするようになった学習者もいれば、複数回参加したことで様々な人と知り合いになり、話をすることで参加者の名前を覚えたり、その日参加した講座の内容や、共同学習者と話をした内容を家族に話す学習者もいた。また、自分が感じたことや思ったことを話す学習者もいることが分かった一方で、このような点について殆ど話さないが日々の行動から変化を感じている家族もいた。

- 「写真とか頂いたときには私（母）に見せて『これ誰？』と聞くと名前を教えてくれたり（中略）人との交流とかそういう接触があって名前を覚えたりしたのかな？」（保護者 I 氏）
- 「笑顔で嬉しそうに『杜のまなびやのことを話してくれた（中略）今日は誰がいたとか。」（保護者 J 氏）
- 「昔の友人らと会うようになった。」（保護者 K 氏）
- 「発言が積極的になった。」（福祉支援者 L 氏）

4．オブザーバーの学び

見学していたオブザーバーらの学びと思われる内容として、I氏とJ氏の発言を以下に示す。

・「本人には『どうだった？』って言っても、本人は結構楽しそう
　だったんで、『今度も行く？』って言ったら『またやるんだった
　ら行く』とは言ったので、本人はそんなに、あの、そういう内容
　がどうのっていう問題じゃないんだなって（笑）思って。（中略）
　人との触れ合いとか、学生さんたちと、あと、研究生の方々とか
　ね、そういう人たちとの、こうコミュニケーションができればそ
　れで成果もあるんじゃないかな、と思って参加させていたんです
　けどね。」（保護者 I 氏）
・「『（中学校）一緒でしたよね？』とスタッフが声をかけてくれて。
　（中略）いろんなところへ出かけて行くことで、その人間関係っ
　て広がっていくんだなって。」（保護者 J 氏）
・「彼にとって浪曲は新鮮に聞こえたみたいで、『（CD を）借りなく
　ちゃいけない』って、しばらく浪曲のことは言ってましたね。（中略）
　他の人は浪曲は楽しくはなかったと思うんですけど、何故かその
　多分彼の心のどっかに響いたんでしょうね。意外とあの講義、私
　も聞いてて楽しかったんですよね。」（保護者 J 氏）

　前述の1.（2）「講座内容の難易度」で取り上げたとおり、I氏もJ氏も
内容の難しさを指摘していた。その一方でI氏は、学習者本人にとって
難易度のことはあまり重要ではなく、様々な人とコミュニケーションが
できれば成果があると、「杜のまなびや」に参加することの意味について
考えを深めていた。J氏も、様々なところへ出かけていくことが人間関
係の広がりにつながると、「杜のまなびや」を通して改めて実感していた。
こうした認識の深まりは、オブザーバーならではの学びのひとつである。
　さらに、J氏は浪曲という学習者本人の新たな好みを発見し、自身も浪
曲が取り上げられた回の講座を「楽しかった」と評価していた。このよ
うに学習者の新たな一面を発見したり、オブザーバー自身の興味・関心
を広げたりする契機になりうるという点で、「杜のまなびや」はオブザー
バーにとっても学びの場として機能しているといえる。そして、その背

景には、「杜のまなびや」が、学習者の興味・関心に基づいた内容や日常生活に根差した内容ではなく、講師の専門性を生かした「教養」を取り上げることで、受講生やオブザーバーにとって新奇性の高い内容を提供していることが挙げられるだろう。

5. オブザーバーからみた「杜のまなびや」とは

　オブザーバーに対して行なったインタビューからは、生涯学習の場を求めていると同時に、そうした場が少ない現状を認識していることが示され、「杜のまなびや」が学びの機会と学びの場の保障に関するニーズに応えるものであることが示されたといえる。これらのことから、【講座内容】【生涯学習の機会と場の保障】の大きく2つのカテゴリーに分けられたため、この2点について整理しながらオブザーバーにとっての「杜のまなびや」の意義について考察していくこととする。

(1) 講座の内容と討論の場を通して

　インタビューの結果から、講座内容の難しさに関する発言があった一方、内容の進め方に対する肯定的な発言と、学習者の参加を支援しているという発言がきかれた。講師やスタッフは、内容的な難しさがあることを前提に言葉遣いや言い回しに配慮し、また、内容の理解に関して体験や具体性を持たせるなどの工夫を行なった。さらに、討論の場について、「みんなで何かを学ぶ」「みんなで考える」ことに対する肯定的な発言があり、受講生同士で討論することを評価しており、学習者の現状を踏まえた上で、今後を見据えて生活に直結した講座内容を希望する意見もきかれた。また、学習者と共同学習者が、互いの知らない部分を補うようなやりとりがあったことにも肯定的な発言がきかれ、抽象的な教養という内容には難しさを感じながらも、討論の場に関して高評価をしていることがうかがえる。

　普段接する機会の少ない学習者と共同学習者が互いの話を聞く、それに対して意見を述べる、考えるというやりとりが行われたこと以外に、討論することが難しい学習者の場合には、「場の雰囲気を楽しめている部

分はあると思う」「本人が結構楽しそうだったため内容は本人にとっては問題ではないのかもしれない」という声からも、"交流する"ことの大切さと、学習者の新たな一面を発見したように感じているのではないかと思われる。

(2) 生涯学習の機会と場の保障を目指す取り組み

「杜のまなびや」の講座は「教養」に関する内容が取り上げられている。この「教養」に直接的には関連しない意義として、家族は"参加者同士の交流ができること"を挙げていた。それは、インタビューでの「本人は大学に行く機会が殆どない。雰囲気を感じることはできるため楽しめている部分はある」「大学生など他の受講生や、みんな一緒になって話をしており違和感がない」「人との触れ合いとか、学生さんたちと (中略) コミュニケーションができればそれで成果もあるんじゃないかな、と思って参加させていた」などの発言から見受けられる。つまり"交流する""雰囲気を感じる"こともオブザーバーは学習者の"学び"になっていたと思っているのではないだろうか。また、そうしたことから学習者の一部には日々の行動に変化がみられたことがインタビューから明らかとなり、殆ど接することのない人たちとの交流を通して自分の考えや思いを伝えたり、相手の考えや思いを聞くことで場の雰囲気を感じることや、ともに参加している参加者たちとの触れ合いなど、大学へ行くこと、また、そこに集まった人たちと触れ合うことを「杜のまなびや」の意義として捉えていることがうかがえた。

そして、生涯学習の場や機会を得る情報源の少なさを感じていることも窺われ、これらのことは生涯学習の場や機会のみならず、取り組み自体が障害者自身を取り巻く様々な人に周知していく必要性を実感させられる家族の声ともいえよう。第1章において高等教育機関で実施されている生涯学習を概観したが、それらをより多くに人に知ってもらうこと、実際に参加したオブザーバーの声も併せて知ってもらうことが重要ではないだろうか。

第3節　本章のまとめ

　本章では、学生スタッフやオブザーバーが「杜のまなびや」をどのように捉え、どのような学びを得ることができたかについて、インタビュー調査により検討した。

　元スタッフの語りからは、彼らが知的障害者への理解を深めると同時に、「知的障害者への高等教育機会の保障や共生社会の実現に向けて大学には何ができるか」という点についても思索を巡らせている姿が色濃くうかがわれた。元スタッフの8名中3名が大学教員であることの影響も少なからずあるだろうが、こうした姿が示されたのは、「杜のまなびや」の目的や理念を十分に踏まえて企画・運営に携わったからではないかと考える。そして、学生スタッフが卒業後にも生かせるような深い学びを得るためには、スタッフ全体でオープンカレッジの目的や理念を確認・共有し、一連の活動の中で関心や問題意識をさらに高め続けていくことが肝要であるだろう。

　オブザーバーからは、「子ども自身もニコニコしていた。他のお母さんたちとも話が分かりやすくていいという話をしたことがあった」「みんなで話して、様々なことを考えたり思うことが出てくるのかなと思ったこともあった」「また参加してみたいとか、積極的になった」などの評価を得ることができた。こうした声は、学習者と同じ生活軸で過ごすオブザーバーだからこそ聞かれた声ではないだろうか。知的障害者のオープンカレッジの参加にあたっては、本人の意思が必要なことは勿論だが、意思決定が難しい場合は「嫌なときだと嫌だと言うし、動かないし、準備もしない。だから、準備をして行くっていうのは、嫌じゃない」という家族の声にもあったように、本人との係わり合いが深いオブザーバーらが本人の気持ちなどを汲み取って決定していくように思われる。このことに関しても、学習者とともに生活をしている家族や学習者と頻繁に接する機会の多い福祉支援者は、学習者の機微の変化にも気付きやすく、学習者の思いなどを汲み取りやすいと思われる。建部・安原（2001）は

「受講生がオープン・カレッジに出席できる条件として、家族あるいはボランティアの協力が不可欠である。オープン・カレッジは、知的障害がある人の本人の意志に基づき参加が決定されることが前提であるが、知的障害がある人の意見や決定は、多くの場合、周囲の関係者の考えや意見により決定づけられる」と述べている。つまり、オブザーバーの協力が不可欠であるということは大前提にあり、その上でオープンカレッジが成り立っているともいえるだろう。

　そして、特に討論の場について「交流する」「やりとり」「コミュニケーション」という語が多く聞かれ、「内容が分からなくとも場の雰囲気を楽しんでいる」「こうして人間関係が広がって行くんだな」という"交流する"ことの大切さと、"学習者の新たな一面の発見""オブザーバー自身の学び・気付き"があったように思われる。また、見学に来ていた他の家族との交流が挙げられていたほか、オブザーバー自身も楽しめたという言及もあり、「杜のまなびや」が受講生同士の交流や学びの場だけでなく、オブザーバーにとっても様々な人たちと触れ合う大切な場や学ぶ場として捉えられていたのではないだろうか。

【引用文献】

廣森尚子・山内　修 (2009) 知的障害のある成人の生涯学習活動におけるボランティアの学び―「オープンカレッジinあおもり」における実践から―. 青森県立保健大学雑誌, 10 (1), 17-25.

野崎義和・滝吉美知香・横田晋務・佐藤真理・佐藤健太郎・永瀬　開・松崎泰・川住隆一・田中真理 (2012) 知的障害者・大学生共同参加型オープンカレッジにおけるスタッフの学びについて. 東北大学大学院教育学研究科教育ネットワークセンター年報, 12, 25-36.

岡野　智・鈴木恵太・野崎義和・川住隆一・田中真理 (2010) オープンカレッジにおける知的障害者の生涯学習支援に関する意義―受講生の家族へのインタビューを通して―. 東北大学大学院教育学研究科教育ネットワークセンター年報, 10, 27-36.

建部久美子・安原佳子 (2001) 知的障害者と生涯教育の保障―オープン・カ

レッジの成立と展開—．明石書店．

淀野順子・永須　環・竹内啓祥 (2012) オープンカレッジにおける学生ボラ
　　ンティアの学び—知的障がい者の学びをサポートする学生の感想から—．
　　社会教育研究，30，101-111．

第9章　知的障害者の学びと社会参加

　知的障害者の生涯学習は、近年に至るまでにどのような変遷をたどってきたのだろうか。本章では、国際的な動きと合わせて我が国における歴史的動向をふりかえり、その意義と実践における課題について述べていく。そして、それらの動向のなかで、生涯学習における大学の役割とは何かについて、知的障害者のニーズをふまえながら大学に求められる課題を論じる。その際、大学における「教養」の形成や「自己」の形成という観点から、生涯学習の意義を問うことをこころみる。

　生涯学習は共生社会の実現に向けて不可欠なものである。今日の社会にみられる分離・分断・差別の現状を踏まえながら、共生社会の実現に向けての生涯学習の意義や役割について考えるとともに、生涯学習をより充実していくための課題について論じる。知的障害者における高等教育の保障に向けた議論にも触れながら、知的障害者の学びと社会参加について考えていく。

第1節　知的障害者の生涯学習の近年までの動向：共生社会に向かって

1. 生涯学習のあゆみ

　「生涯教育」は、1965年にパリのユネスコ本部第3回成人教育国際委員会に於いて、Paul Lengrand が提唱した「Éducation permanente」（英訳は Lifelong Education）と題する報告書をはじめとする。このなかの目標のひとつに、「小・中・高・大学とも地域社会学校としての役割、地域文化センターとしての役割を果たすように勧奨する」ことが掲げられており、すでにこの報告書のなかで、生涯教育は大学が果たすべき役割として明記されていた。現在、特に国立大学は地域に開かれた存在であり、専門知を得られる学びの場として、大学による公開講座が果たす地域での役

割期待は大きい。そして、いうまでもなく、知的障害者の生涯学習の取り組みの背景に大きく影響を与えたのは、1985年ユネスコ国際成人教育会議で採択された「学習権宣言」（図9-1）である。

学習権とは、
読み書きの権利であり、
問い続け、深く考える権利であり、
想像し、創造する権利であり、
自分自身の世界を読み取り、歴史をつづる権利であり、
あらゆる教育の手だてを得る権利であり、
個人的・集団的力量を発達させる権利である。

図9-1　学習権宣言

　上述の1965年ユネスコ本部第3回成人教育国際委員会に於ける「Éducation permanente」以降の今日に至るまでの経過を図9-2に示している。この経過を見る限り、障害者の生涯学習に関する動きは加速していることがうかがえる。しかしながら一方で、障害者の生涯学習を支える基盤は脆弱であると言わざるを得ない状況にある（水内・鶴見・高緑, 2014）。この問題意識を背景に、2019年3月に学校卒業後における障害者の学びの推進に関する有識者会議による、「障害者の生涯学習の推進方策について―誰もが、障害の有無にかかわらず共に学び、生きる共生社会を目指して―」が報告された。この有識者会議は、「障害者の権利に関する条約」（以下、障害者権利条約）第24条に「障害者を包容するあらゆる段階の教育制度及び生涯学習を確保」と明記されているように、「生涯学習の確保」に向けた検討である。これは、障害者の学校卒業後における学びを支援し、地域や社会への参加を促進することで、共生社会の実現につなげる旨が明確に位置付けられたものといえる。「共生社会」とは、「これまで必ずしも十分に社会参加できるような環境になかった障害者等が、積極的に参加・貢献していくことができる社会である。それは、

誰もが相互に人格と個性を尊重し支え合い、人々の多様な在り方を相互に認め合える全員参加型の社会である。このような社会を目指すことは、我が国において最も積極的に取り組むべき重要な課題である。」とされている。

　なお、近年の動向については、「おわりに」に詳述している。

1965年	ユネスコ本部第3回成人教育国際委員会「生涯学習Éducation permanente」提唱
1985年	ユネスコ国際成人教育会議「学習権宣言」採択
2006年	国連総会「障害者の権利に関する条約」を採択
2006年	教育基本法改正「生涯学習の理念」を新設
2007年	日本国政府　上記条約への署名
2009年	「障がい者制度改革推進本部」設置
2011年	障害者基本法改正
2012年	障害者の日常生活及び社会生活を総合的に支援するための法律「障害者政策委員会」を内閣府に設置
2012年	「共生社会の形成に向けたインクルーシブ教育システム構築のための特別支援教育の推進（中央教育審議会初等中等教育分科会報告）」
2013年	「障害を理由とする差別の解消の推進に関する法律」成立「障害者の雇用の促進等に関する法律」改正
2014年	「障害者権利条約」を批准
2015年	国連サミット「持続可能な開発目標」（SDGs）採択「誰一人として取り残さない（leave no one behind）」すべての人に生涯学習の機会を促進すること
2017年	「特別支援教育の生涯学習化に向けて」と題する大臣メッセージ
2017年	特別支援学校小学部・中学部学習指導要領の総則に「生涯学習」を追記
2018年	内閣府第4次基本計画「生涯を通じた多様な学習活動の充実」

図9-2　生涯学習のあゆみ

2．知的障害者の生涯学習における大学の役割

　実際に特別支援学校高等部卒業者は、学校卒業後どのような学びの状況にあるのだろうか。図9-3はその進学状況を示している（文部科学省, 2019a）。特別支援学校高等部を終えて進学する知的障害者の割合は、わずか0.4％である。一方、2019年度の高校生の大学への進学率は53.7％と過去最高となった（文部科学省, 2019b）。この格差は130倍である。なぜなのか？この格差は驚きなのか、当然なのか。高等学校後に進学するわずか0.4％以外の知的障害者においては、卒業後の生涯学習はどのような場で保障されているのだろうか。この数値は、知的障害者の生涯学習の場作りの重要性を浮き彫りにしている。日本においても、知的障害者が大学で学ぶことは当然の権利であるということを認識し、教育における格差を早急に考えなおす時代がきたことを示している。

　このような実態をふまえたとき、上記2019年報告は重要である。これは2017年4月に松野文部科学大臣からの「特別支援教育の生涯学習化に向けて」と題するメッセージを受けてのものである。この大臣メッセージでは、障害者が一生涯を通じて教育や文化芸術、スポーツなど様々な機会に親しむことができるよう、福祉や労働も含めた関係施策と連動させながら支援していくことの重要性が指摘されている。そして、このための基盤整備を支える機関として、国、地方公共団体、特別支援学校、社会福祉法人や企業等の民間団体とともに挙げられているのが、「大学」である。

　しかしながら、「開かれた大学づくりに関する調査研究」（文部科学省, 2018a）によると、全国の大学・短期大学（以下、「大学等」）では、地域社会に対する貢献は高いとはいえないことが示された。これに関して、住民等の学習機会として重要な公開講座の実施状況や、地域連携に関する取組状況、障害者の生涯学習に関する実態についての調査結果は次のとおりである。地域社会に対する大学等の貢献のため実際に取り組んでいる項目として「障害者の生涯学習に関する取組を実施すること」を挙げたのは、大学では5.7％、短期大学では1.5％であった。そのための予算

が「確保されているか」についての回答も大学では4.7%、短期大学では
3.2%といずれも大変低調な結果となった。障害者の生涯学習に関する
公開講座を行っている大学等において、公開講座のうち「障害者の方を
対象とした講座」は大学では3.2%、短期大学では0.9%と極めて低い割
合だったが、今後の予定としては、「障害者の方を対象とした講座につい
て検討中である」としたのは大学10.6%・短期大学13.7%と1割を超える
割合となっており、わずかに障害者の生涯学習を保障する方向への動き
がみてとれる。一方、国立特別支援教育総合研究所による「障害者の生
涯学習活動に関する実態調査」（2018）においては、都道府県を対象とし
て行った結果、障害者の生涯学習活動に関する取り組みの把握先として、
大学は「0%」であった。上記のふたつの調査結果を合わせて考えると、
数は少ないながらも生涯学習に取り組もうとする大学等の高等教育機関
と、その動きを生涯学習活動の場として把握していない都道府県自治体
とのあいだに温度差があることのあらわれでもある。したがって、都道
府県自治体との協力関係をもとに、大学を活用した生涯学習機会を広げ
ることについて、大学などは積極的に取り組むことが必要である。この
ことに関しては、次の「おわりに」において、大学と県・市の生涯学習担
当部局との連携体制の構築と関連づけて「杜のまなびや」の今後の課題を
述べている。

3．生涯学習への知的障害者のニーズと周囲の理解

　障害当事者（知的障害者108万2千人）にはどのようなニーズがあるの
だろうか。「学校卒業後の学習活動に関する障害者本人等アンケート調
査」（文部科学省, 2018b）によると、「共生社会」の実現に向けて学習機会
が充実されることについて、「重要である」とする者が8割以上を占めて
いるという結果が示された。一方、学習の場やプログラムが身近に「あ
る」と感じている者の割合は3割程度と低くなっている（学校卒業後の学
習経験として多いのは「余暇・レクリエーション活動」（31.1%）、「健康
の維持・増進、スポーツ活動」（30.3%）、「学校段階で学んだ内容の維持・

再学習に関する活動」（27.4％）であり、「特になし」は38.8％）。つまり、学習経験と今後のニーズを比較した際、ニーズの方が高くなっていることがわかる。さらに、生涯学習に関する課題として多いのは、「一緒に学習する友人、仲間がいない」（71.7％）、「学習費用を支払う余裕がない」（71.5％）、「学ぼうとする障害者に対する社会の理解がない」（66.3％）などが挙げられている。

　このなかで、6割以上が回答している「学ぼうとする障害者に対する社会の理解がない」ことに注目したい。どのように理解がないと感じているのかは、この調査結果から読み取ることはできないが、知的障害者には学ぶ意欲はないだろう、意欲があったとしても学びを吸収する知的作業はできないだろう、だから学びの場を提供しても社会に還元することは期待できない…等々ではないかと予想できる。実際、「杜のまなびや」を企画し始めたとき、あるひとから言われた言葉が今でも残っている。「われわれの税金をそんなことに使うな。学んでもそれを活かせる能力のない知的障害者を対象に大学の公開講座を行うとは、税金の無駄使いだ」、「大学はエリートを育てるところだから、知的障害者を生涯学習の対象とすることは、大学のミッションとは違う」という言葉であった。先に示した、特別支援学校高等部卒業後の進学率の圧倒的な低さを示した結果（図9-3）に特段の驚きを感じないとしたら、知的障害者の知能指数は70以下、つまり学力程度は小学校低学年程度であるため、義務教育ではない高校進学ですらも首をかしげるところであり、ましてや知的障害者の大学進学など到底考えられないという一般通念に、我々自身が支配されているのではないだろうか。

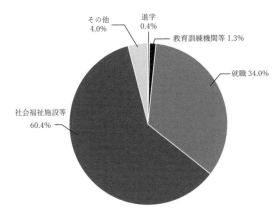

その他 4.0%
進学 0.4%
教育訓練機関等 1.3%
就職 34.0%
社会福祉施設等 60.4%

図9-3　特別支援学校高等部卒業生の進路

　このような考えの究極に、障害者支援施設津久井やまゆり園事件（2016年7月26日相模原市の施設で19人の障害者が元介護職員によって殺害された）を起こした元職員に共感する思いがあるように感じている。元職員は、公判や逮捕後の取り調べ等において、「国の負担を減らすため、意思疎通を取れない人間は生きる価値がない」と事件の動機を述べたことが報道されている。実際、事件後、ネット上では元職員のこの思いに共感する多くの書き込みがみられていた。このことは、知的障害者の生涯学習を考えるとき、"学ぶに値する価値がなく、学びの主体とする価値もないため、学びの場がなくてもよい"ということと同じ構造ではないかと感じるということである。「障害の有無に関わらず、学ぶに値する価値があるから、学びの主体となる価値があり、そのための学びの場をつくる価値がある」というわれわれの考えとは大きく乖離している。

　大学では、より優秀な学生がより優秀な指導者のもとで学び、優秀な成果を示すことでエビデンスを認められ、予算配分が決定されるという側面がある。予算がつくということは、そこに「必要な価値」を認めているということである。この意味で、「おわりに」で述べているように、「杜のまなびや」が2010年度以降東北大学大学院教育学研究科教育ネットワークセンターによる予算的基盤を得てきた意義は大きい。そして同

時に、このような状況に対して、そもそも学びは生産性に関する効率を追求するのみでその意義がはかれるのか、知的障害者の生涯学習をこのような会計的な発想の枠組みで重要性を考えることにどのような意味があるのか、さらには大学とは高等教育とは何か、という問いに向き合う必要があるだろう。

　第1章第2節にも述べられているように、知的障害者を受け入れている大学の存在は、諸外国において複数みることができる（2019年6月時点）。アメリカ、カナダ、オーストラリア、イギリスの大学では、知的障害者の履修コースが設けられていたり（2018年時点で、特にアメリカでは全米の269の大学や短大が設置）、韓国ナザレ大学では卒業時に学士号が授与されていたりなど、受け入れ体制は様々である。(知的障害の定義が各国によって相違があるため厳密には同様に議論できない)。これまでの歴史をみても日本は欧米の動きに追随して動いてきており、とすれば、このような高等教育におけるインクルーシブな学びが知的障害者に拓かれていくことは日本においても近い将来に動いていくだろう。

　第2章で、「杜のまなびや」の発端となった問い、「大学に知的障害者がいないのはなぜか」について述べている。インクルーシブな学びとは何かを考えることは、大学とは一体誰のためのものなのか、コストパフォーマンスだけの軸で会計的なPDCAサイクルを回していく発想になじまない「生きる」かたちがあるのではないか、を考えることである。「杜のまなびや」は、このことを問うている。

第2節　教養からみた知的障害者の生涯学習

1．知的障害者に「青年期」はあるだろうか？

　エリクソンの漸成発達理論においては、青年期の主題は「アイデンティティ対アイデンティティの拡散」とされている。エリクソンはフロイトの心理-生物学的発達理論を基盤にしつつも、社会的な視点、すなわち人間は社会のなかで人格を発達させていくという点を導入し、個人

と社会との関わりを重視している。自分が関わる人間関係や社会との接点のなかで、自分とは何かに思索を深める発達期、これが青年期である。そして、現代社会は、昔のように生産するだけではなく、考える力や創造する力が求められるようになってきたため、これらの側面からもアイデンティティの形成において葛藤する時間も必要となってきた。

　ゆたかカレッジ理事長との対談のなかで、猪狩は次のように述べている（長谷川，2015）。「（カレッジで学ぶ意味合いを）自分が好きなことを見つけている、好きなことに出会っていく、あるいは何となくやりたかったことに本気で取り組めるなど、そういうことが大事だと思います」。「いろいろな揺れ動く自分と一緒に出会ってくれる仲間や大人が青年期には大事」。このように、生産性とは直接的に関連がない時間のなかで、自分のやりたいことに没入して過ごす時間が保障されている時期、自分の生き方をめぐる葛藤をひとと共有する時間、この重要性を語っているのではないだろうか。第5章で紹介された「知的障害者の青年期・成人期的課題」のアンケート結果は、「杜のまなびや」での受講生同士の学び合いを通した意識の変容を紹介している。

　筆者が出会ったある知的障害の特別支援学校在籍の高校生は、自分に"知的障害"というラベリングがついていることを知り、驚き、知的障害が自身の特性とどう関連しているのかを理解しようとし、自分がなぜ特別支援学校に来ることになったのかという「自分とは何か」を考え続けていた。そして、現在30歳を迎えており、毎日作業所での仕事を忙しくこなしている。しかし、今でも自分はなぜ大学に行けなかったのか、恋愛ができるのか、なぜこの仕事を選んだのかなどの問いを通して、自分とは何かを考え続け、いわゆるアイデンティの形成に向かっているところである。社会人となって一定の職業に就き、それでもなお自分について問い続けることは多くのひとにとって共通している。このかたの場合、特別支援学校高等部において、アイデンティティの揺れのあとの自己形成が必要ない、よりベターな進路が準備されておりその進路にのっていくことを指導された。そのかたの心の動きをみながら、そこに葛藤を感

じ、自分を考える思索を深める十分な時間はあったのだろうか、と疑問に感じていた。そこには「青年期」はあるといえるだろうか。だからこそ、第3章で「杜のまなびや」の講座内容の紹介に示されているように、自己形成に関わるための『知』のテーマが必要だと考えてきた。

2. 自己形成と「杜のまなびや」

　生涯学習が自己形成を豊かにすることについて、日本学術会議日本展望委員会知の創造分科会による提言（2010）にも示されている。次のように、大学教育が満たすべき条件の第八として自己形成を豊かにすることを挙げている。「仲間をつくり、他者や社会とのかかわりを持ち、自ら学び考え自省し、諸能力を高め、教養を培い、自己を形成し、…（略）社会への参加の仕方とその根底において問われる倫理を含む」。そしてこのような経験を豊かにしてくこともまた大学の役割として重要である。つまり、青年期の発達課題である、自分の人生を悩み自分で決め自分で作りあげていくための思索をしっかりと保障すること、この機能である。第3章で紹介された講座内容の「自分ってなんだろう？」「自分の生きざまを語る/他者の生きざまを聞く」「わたしが生まれたとき」等に具現化されているように、「杜のまなびや」では、この機能にも着目してきた。

　イタリアのサクロ・クオーレ・カトリック大学では、知的障害のある学生の受け入れにあたって、大学は個人の障害や成長に合わせたプログラムを組まなければならないシステムになっている。その三つの柱が、一つは教育的支援、そして、あとの二つが、自己形成に関わる自尊感情を高める支援・自己肯定感を高める支援である（長谷川，2019）。これら後者ふたつは、まさに青年期の発達課題において根源的に必要となってくるものだといえる。ゆたかカレッジの教育目標にも「社会で生きる意欲と折れない心、レジリエンスをもつ社会人の育成」が掲げられている。大学教員として学生と接しながら、学生がキャンパス内外に問わず、それぞれの経験を積み重ねレジリエンスを身に着けていく姿を肌で感じている。青年期とはそのような場が必要なのである。小・中・高といじめ

られた体験、障害を告知されどう受けとめたらよいのか、自分のアイデンティティのなかにそれをどう統合したらよいのか混乱のさなかにいる状態、今まさに自分に障害があることを自覚しはじめ戸惑っているという状態であればなおさら「悩み葛藤する時間」が必要である。

　さらに、先の提言では、「仲間をつくり、他者や社会とのかかわりを持ち」と記されている。各国のインクルーシブ教育プログラムを視察した長谷川(2019)もまた、多くに共通していることとして、職員やボランティアが支援者としてはいるのではなく、大学の学生が仲間として双方向の関係性が確立できていることを報告し、大学が自分の生活を楽しく豊かにすると実感できるうえでの重要なシステムだと指摘している。「杜のまなびや」においても、この双方向性、支援者する－されるが相互に入れ替わる関係性を重要視したコンセプトであったことは、第2章で述べた通りである。

3.「教養」と「杜のまなびや」

　"大学"が主催で行う公開講座であることを考えたとき、大学における教養教育とは何かという観点も重要である。この原稿を書いている今、世界は新型コロナウィルスと共存していく生活様式のありかたを模索している最中であるが、現在まさに広がっている新型感染症以外にも、生態系破壊の危険性、テロ、金融危機等の予測のつかない困難に襲われており、人類社会は直面するこれらの課題に向かって、適切な対応と豊かな市民社会の活性化を維持しなくてはいけない。このようななか「教養」の形成を図っていくことが大学に求められている。なぜなら、こういった課題や問題に、柔軟に向かい創造的に解決するための知識を活用し、多様な価値観で構成される社会のあり方を支える「教養」が必要だからだ。したがって、単に余暇支援のみの位置づけにとどまらず、広く上記の観点、つまり「どのような教養を提供するか」という観点から、大学主催の講座の意義やどのようなコンセプトで構成していくのか考えていくことは、教養形成の役割をミッションのひとつとする大学として重要である。

上述したように、社会的課題に向かいそれを解決可能とする市民を活性化するために、教養を向上させていくことが必要である。このような市民的教養をもつひとびとで構成された社会の豊かな展開にとって、学術会議報告（2010）では、3つの公共性、すなわち市民的公共性、社会的公共性、本源的公共性、を活性化することだと指摘している。なかでも、市民的公共性に注目したい。これは「各社会レベルにおける集合的意思決定過程（政治）の開放性・透明性（情報公開・情報開示）が確保され、その過程への十分な市民参加があること」と説明されている。ここで強調されている「過程への十分な市民参加があること」は、市民社会の担い手であるすべての当事者が参加するということである。この言葉に、「障害者権利条約」成立における過程での大きな理念を表現した言葉を思い起こす人は少なくないだろう。それは、「私たち抜きに私たちのことを決めないで Nothing about Us without Us」の言葉である。

　この言葉には、集合的意思決定の過程に、当事者が確実に参加していくという市民的公共性が込められている。このような市民的公共性を活性化するためには、課題達成に向けて協働する基盤としての教養が核となるのではないだろうか。教養がエリート育成のための重要な機能を果たしてきた「教養主義」の時代にあっては、知的障害者を対象とした教育において教養とは何かを考えることすら無縁のものだと感じるかもしれない。しかし、大学が発信する公開講座を通じて、そこで展開される教養教育が市民的公共性の形成の役割も担っていくことが期待されるため、知的障害者の生涯学習の講座テーマを考えるときにも、「教養」の観点からその意義を考えていきたい。

　講座テーマに関しては、知的障害者の生涯学習支援について実施関連機関948か所を対象に調査し（烏雲畢力格・今枝・菅野，2013）、学習内容については3因子が抽出されている。概念的スキルの習得（社会的知識や情報に関する活動等）、社会的スキルの習得（スポーツ活動等）、実用的スキルの習得（地域交流等）、である。また、国立特別支援教育総合研究所の調査（2018）によると、プログラムの内容は、①個人の生活に

必要な知識・スキル（料理や健康法等）②社会生活に必要な知識・スキル（金銭管理や福祉サービス等）③職業において必要な知識・スキル（職場実習等）④スポーツ⑤文化的活動（音楽・手芸等）⑥余暇・レクリエーション活動（映画・カラオケ等）⑦教養的な内容（歴史・科学等）⑧社会問題や時事問題に関する内容（国際や環境等）⑨情報通信分野の知識・スキル（ITや情報モラル等）に分類できたとしている。〇〇のために実用的に今すぐ役に立つ知識やスキルを学ぶ、というテーマが多くを占めている。これらの知識やスキルを身に着けることによって、生活をより便利により効率的に快適に過ごすことは大切である。

　一方、「杜のまなびや」では、公開講座の主催は大学であり、学問抜きには大学は考えられないという立ち位置から、第3章に記載している通り、上述の教養という枠組みのなかで大学の専門知を提供することにこだわってきた。これらは自分がほかの何かを知ろうとする動機付けとなり、知ることで自己決定の幅が広がることを実感し、自分のことを自分で決めることの大切さに気づき行動にうつしていく、そして市民的公共性を体得していくプロセスの一端を「杜のまなびや」が担うことに重きをおく思いの具現化をねらいとした講義内容であるといえる。

　そして、講師それぞれの専門知を講義のテーマとして展開するとき、講師にとっては、自分の専門について難しい学問的内容の本質を受講生の特性に応じてシンプルな言葉でわかるように要約して伝えることが求められることとなる。これは専門性を要することである。だからこそ、第7章でふれてきた講師の学びがうまれてくるのだ。見晴台学園大学では、講義を担当した教員の悪戦苦闘しているプロセスが記してある（田中・大竹・平子，2016）。以下はそのあとがきの文章である。

　　「生物学者、物理学者をはじめ、これまで直接、障害に関わりのなかった研究者が、発達・知的障がい学生対象の授業づくりに挑戦するなかで、一人一人の学生の特徴を捉え関わる姿は、まさに障がい者権利条約・差別解消法に基づく大学の授業づくりにおける『合理

的配慮』ということであり、今後のインクルーシブな新しい大学を
拓く試みである」

　生涯学習社会の実現が日本社会の政策課題となり、大学教育への期待
やニーズも多様となってくる。また、それに伴い学生の学習経験や学力、
それに対応したニーズや関心もまた著しく多様化していくことをふまえ
ることは、障害の有無のみに関わらず、インクルーシブな生涯学習環境
の構築にとって重要である。

第3節　共生社会の実現に向けた生涯学習の場の役割

1．急激に変化する社会で目指す共生社会

　今日の社会は、目覚ましい科学技術の発展により生活の便利さを手に
入れることができた一方で、膨大な情報の洪水の中で正しい情報を取捨
選択することが求められたり、予測のつかない事態の発生により、社
会の在り方の方向を転換せざるを得なくなったりと、刻々変化している。
そして今現在は、これまで経験していない新型コロナウィルスの感染拡
大により、「ニューノーマル」や「新しい生活様式」、「with コロナ」等の
言葉からわかるように、私たちの生活様式の変化を余儀なくされている。
このような時代を生きる私たちは、社会に順応し、適応し、新しい社会
が求める新しい働き方、学び方、社会参加の仕方を模索しながらあらゆ
る問題に立ち向かう必要がある。
　このように劇的に変化する社会の中でも、不変的な価値はある。それ
は、「ともに生きること」である。社会の変化が加速し、働き方や学び
方、社会参加の仕方が変わっても、その社会を支えるのは、人と人との
かかわり、ふれあい、協同である。これまで述べられてきたように、本
邦は、2012年にこれからの日本社会が最も積極的に取り組むべき重要な
課題として、「共生社会の形成」を打ち出している（文部科学省, 2012）。
共生社会の形成や実現を目指すという理念は、2015年9月国連サミット

において採択された「持続可能な開発目標（SDGs）」の「誰一人取り残さない（leave no one behind）」という理念とも一脈通じる。

　しかし、「誰一人取り残さない」「ともに生きる」共生社会づくりのための課題が山積しているのも事実である。学校教育段階では、インクルーシブ教育システムが推進される中、障害の有無にかかわらずともに学び、交流する機会や場が積極的に用意されている。しかし、学校教育が終わると、このような交流の機会や場は、急激に減ってしまう。特別支援学校高等部の卒業生の進路に関する調査（文部科学省，2019a）をみると、社会福祉施設等への入所・通所者が61.1%であり、知的障害者の場合は60.4%である。社会福祉施設等への入所・通所者がどの程度社会に参加し、地域住民と交流しているかに関しては不明だが、社会福祉施設等への入所・通所により、社会から分離されてしまう事態が起きているとすれば、それは避けるべき課題である。

　今の社会では、様々な分断が起きている。障害者、外国人、難民、人種、LGBTs、さらには、福島原発事故から避難した人々へのいじめや差別、最近は新型コロナウィルス感染者や感染地域の人に向けられる差別的な言動等、二分化された分断が起きている。能力や行動の様式が違う、外見が違う、国籍が違う、考え方が違うことを多様性として認め、配慮するのではなく、多数を占める人々（以下、多数派と記す）とは違うといった分断が起きている。共生社会は、多様性を認める社会である。言い換えれば、人々がもつ様々な属性や特徴を認め合うことが共生社会の構築に必要不可欠である。

　同じ属性をもつ大きな集団の中で、「みんなと違う」ということは、人々に漠然とした未知への不安を生み、その不安からかかわりたくないといった気持ちに支配され、排除しようとする言動に現れると考えられる。その漠然とした未知への不安は、多数派の人々だけではなく、違う属性や特徴をもつ当事者も抱く。私自身、留学生として日本で学び、子どもや保護者、教育現場の先生方とかかわる仕事をしてきた。私は、私の名前の異質さのため、自己紹介がいつも苦痛であった。外見では日本

人と変わらないため、名前さえ言わなければ、異なる国籍の人としてみられなくて済むと思った時もあった。日本社会という大きな集団の中で外国人という少数派として、みんなに受け入れてもらえるのだろうかという不安や肩身が狭い感覚も抱いた。しかし、自国に帰れば、私は多数派の大きな集団に属する。私がどこにいるかによって、私は多数派にもなり、少数派にもなる。このことは、多数派なのか、少数派なのかというのは、不変的なものではなく、どのような社会にいるかによって変動することを示す。すなわち、社会の在り様によって、分離や分断はなくなることを意味し、ともに生きる共生社会を実現しなければならない理由でもある。

　未知への不安から派生する分離・分断・差別は、お互いを知っていくことを通してなくしていくことが可能である。実際に、私が今まで出会ってきた方々とは、私を外国人としてだけではなく、私の考え方に賛同してくれたり協力してくれたりと、仲間としての関係性を築くことができた。「杜のまなびや」に学生スタッフとして参加した時も、学習者は私の国籍に興味を示し、そこから新たな話題が生まれ、会話が弾んだ覚えがある。これらの経験は、この人たちに受け入れてもらえたという確かな感覚を与え、その確かな感覚は、私も外国人とはいえ、この社会の一員である、私にもできることがあり、私の役割があるという自信につながった。このように、何度も顔を合わせ、話し合い、お互いの考えや思いを伝え合うことの積み重ねが、多数派の人や少数派の人がもつ漠然とした不安を払拭し、仲間として受け入れ、認め合うことにつながるのである。

　障害の有無により二分化された構造の中で、お互いがかかわり、お互いを認め合うことを促進するためには、そういう場を意図的に用意することが必要であり、それが生涯学習の場の役割の一つであるといえる。第7章で述べられたように、「杜のまなびや」で講座を担当した教員は、必ずしも知的障害者とかかわったことのある教員ではなかったが、「杜のまなびや」を通して、知的障害といってもそれぞれが多様な特徴をもつ個々

人であるという認識への変容を示した。これまで知的障害者について身
近に考えることがなかった講師が知的障害者とかかわる場に参加し、実
際にかかわることにより、知的障害者について知る機会になったのであ
る。このように、生涯学習は、個々人が豊かな人生を送ることができる
よう、生涯にわたり学び続けるだけではなく、分断された、あるいは分
断されつつある社会の見えない心のバリアを超え、お互いがお互いの多
様性を理解し、認め合う社会統合の機能をもっている。そして生涯学習
の機会や場が拡充されることにより、障害者だけではなく、これまで十
分に社会参加することができなかった様々な違いをもつ人々が積極的に
参加することを通して、共生社会の実現を目指すことができるのである。

2．共生社会の実現に向けた生涯学習の今後の課題

(1) 生涯学習へアクセスしやすい環境の整備

　津田(2019)は、共生社会の実現の一貫として障害者の生涯学習の推進
は不可欠な要素であると指摘している。しかし、まだ生涯学習の場は十
分に整備されておらず、障害者の生涯学習の現状に関する調査によると、
障害者の生涯学習活動について情報提供している自治体は、都道府県で
54.3％、市区町村で25.5％であり、障害者の生涯学習活動に関する組織
があると回答した自治体は、都道府県で5.7％、市区町村で4.1％であっ
た (国立特別支援教育総合研究所, 2018)。さらに、障害者本人やその家
族が生涯学習の機会があると認識しているのも34.3％であり（文部科学
省, 2019c)、障害者の生涯学習を受ける権利を十分に保障しているとは
言い難い現状である。そのため、まずは障害者の生涯学習にアクセスし
やすい環境を整えることが喫緊の課題だろう。

　アクセスしやすい環境づくりのためには、まず生涯学習に関する情報
へアクセスできる環境整備が必要である。上記したように、障害者の生
涯学習活動について情報提供している都道府県は、54.3％であるが、情
報提供する方法としては、ホームページでの掲載が最も多く、市区町

村では、広報誌への掲載が最も多かった（国立特別支援教育総合研究所, 2018）。ホームページや広報誌は、情報量が多く、必要な情報が確実に届くとは限らない。新型コロナウィルス感染症の感染防止のため、オンラインでの授業や会議等が私たちの日常に浸透してきている。予期せぬ感染症ではあったが、それを機に物理的な空間の制約を乗り越えることができつつある。しかし、その一方で、オンライン授業や会議等への参加の前提条件となるパソコンがなかったり、インターネット環境が整っていなかったりすると、オンライン会場に参加することができない新たな制約や障壁が生じてしまう。知的障害者の場合においても、パソコンを操作し、設定することの苦手さのゆえ、情報格差がさらに広がる恐れがある。知的障害者が生涯学習の情報を確実に得られるようにするためには、必要な情報が確実に届くように工夫することや、さらなる情報格差が生じないようにする努力が求められる。

　また、物理的な環境へのアクセスしやすさについても検討が必要である。成人期の知的障害者は、加齢による体力低下が顕著であり（植田, 2016）、その体力低下により生涯学習の場へ来場することができない可能性も考えられる。「杜のまなびや」においても、会場までの移動の困難さという物理的なバリアのゆえ、参加することが難しい者もいた可能性が考えられる。このような物理的な環境へのアクセスしやすさを保障するためには、会場の場所や最小限の移動手段や距離等を考慮することが必要である。

　体力低下等、加齢による問題や個人の能力に課題があるとはいえ、参加意欲のある知的障害者が会場まで来て参加できるようにするための、人的支援も必要である。実際、「杜のまなびや」に参加した受講生の中には、福祉支援者や保護者の送迎を受けて参加した学習者もいた。会場までの送迎を保護者や家族に任せるのではなく、知的障害者の移動を社会の仕組みとして支援する人的資源の充実により、知的障害者の生涯学習の機会をより保障することにつながるだろう。

(2) 合理的配慮の提供

　知的障害者の生涯学習での学びをより充実させるためには、提供する内容や伝え方を工夫することが必要である。第4章に述べられているように、「杜のまなびや」では、講義内容が知的障害のある学習者にとってわかりやすく、学びやすいものになるように、講師と打ち合わせを綿密に行う等の講座の構成を工夫してきた。また、受講生同士の討論や発表を支えるためにスタッフが必要な支援を行う等のかかわりをしてきた。これらは、学習者の学びをより保障するための合理的配慮であった。

　2014年1月に批准した「障害者権利条約」の第24条では、障害者に教育を受ける権利があると述べ、差別なしに、かつ均等な教育機会の保障のため、障害者を包容するあらゆる段階の教育制度及び生涯学習を確保することについて規定している。第24条5には、「締約国は、障害者が差別なしに、かつ、他の者との平等を基礎として、一般的な高等教育、職業訓練、成人教育及び生涯学習を享受することができることを確保する。このため、締約国は、合理的配慮が障害者に提供されることを確保する」と明記されており、生涯学習の保障のために、合理的配慮の提供を求めている。「障害を理由とする差別の解消の推進に関する法律」（2016年4月施行）においても、差別の禁止と合理的配慮の提供が国や地方の公共団体等において法的義務となっている。すなわち、障害者の生涯学習の推進のためには、教育機会における差別をなくすこととともに、合理的配慮を提供することが求められている。必要とされる合理的配慮の程度や内容は、受講生の障害の特性や程度、さらに運営側の状況や方針等によって異なってくる。したがって、合理的配慮が個々の障害のある人の状態に応じて提供されるものであるという基本的な定義を押さえながら、受講生や運営側の状況によって柔軟に考え、見直していくことが求められる。

(3) 知的障害者の高等教育の保障に向けて―正規学生への挑戦

　第2章で述べられているように、「杜のまなびや」の発端は、「大学と

いった高等教育機関に知的障害者がいないのはなぜか」という知的障害者の高等教育を受ける権利が実現されていない現状に対する疑問であった。海外の大学では知的障害者を正規学生として受け入れる取組もなされている。例えば、韓国のナザレ大学は、知的障害者と自閉症者のみを対象とした学部を設置し、4年間のカリキュラムを履修することで、学士の学位を授与している。ナザレ大学は、知的障害者や自閉症者が高等教育を通して社会市民としての教養を備え、卒業後に地域社会に主体的に参加することを目的とし、社会市民として困難を乗り越え、能動的に豊かな生活を送ろうとする態度を養うことを学部のビジョンとしている（韓国ナザレ大学校ホームページ）。本邦においても知的障害者が正規学生として大学で教育を受けた事例は散見されているが、個人の努力だけではなく、大学の組織として知的障害者と自閉症者のための学部を設置し、高等教育を保障しようとしている取組は、これからの日本の知的障害者の高等教育の在り方を議論する上では多くの示唆を与えるものである。

　國本（2007）は、日本において知的障害者の高等教育を受ける権利を形式的・実質的に保障するには至っていないとし、目指す知的障害者の教育権利の実現は、学籍の保障を含めた大学教育（狭義の高等教育）であると述べている。生涯学習の一環として有機的に編成され、大学で学ぶ経験を与える現在のオープンカレッジ（広義の高等教育）は、狭義の高等教育の拡張に向けた契機として位置づくと論じられている（國本, 2007）。「杜のまなびや」は広義の高等教育として知的障害者に提供されたものであるが、「杜のまなびや」の実践を通して、知的障害者が大学で学ぶことの意義がより明確になったことから、知的障害者における狭義の高等教育の拡張に向けて具体的に議論していくことが必要である。第2章では、知的障害者が正規学生として大学で学ぶためには、様々な障壁があり、その一つとして入試をあげている。韓国のナザレ大学は、高等学校での成績と面接を通して選考しており、特に面接では大学での学習能力をアセスメントするための簡単な基礎学力に関する筆記試験がある（韓国ナザレ大学校ブリジ学部オンライン入試説明会）。その際、正答数の

みを指標とするのではなく、試験に臨む態度（すなわち、難しい問題が
あっても粘り強く解く等）を重視している。高等教育を通して知的障害
者や自閉症者を地域社会に主体的に参加し、困難を乗り越え、能動的な
態度をもった社会市民として育成するというビジョンに基づき、主体性
や能動性といった側面を試験に臨む態度を通して評価しているのである。

　大学入学者選抜の方法については、社会が求める人材像に合わせて変
動してきている。1990 年以前は、学力を重視した画一的な選抜であった
ため、受験戦争が激しく、大学の序列化が進んでしまった。中村（2017）
は、1990 年までの学力重視の大学入学者選抜制度の背景に、当時の高度
成長を続けていた日本社会が求めていた人材像―日本型雇用慣行の中で
企業に従順な労働者や、効率的に業績を上げられる者―と関連している
ことを、先行研究の概観からまとめている。1990 年からは、入学入試の
多様化と個性化が進んだ時期であり、大学入試センター試験が導入され、
AO 入試や推薦入試等、知識や技能の修得状況に重点をおかず、入学志
願者の能力や適性、学修に対する意欲等を総合的に判断する多様な入試
方法が導入された。また近年は、「高大接続改革」が謳われ、学力を多
面的で総合的に評価する入学者選抜方法の改善が求められている（文部
科学省，2016）。このような改革の背景には、現代の日本社会では、教
科や学問分野の知識だけではなく、汎用的な能力や意欲といった幅広い
学力や能力を求める企業の在り方の多様化と国際化の進展等、社会変化
に適応できる力を備えた人材を求めていることがあげられている（中村，
2017）。

　このように、大学入学者選抜においては、学力検査という画一的な側
面に焦点化されているものではなく、各大学のアドミッションポリシー
に基づいて、どのような人材を大学で育てるか、大学が育成しようとす
る人材像に必要な資質・能力等をどの程度備えているか等、多様な基準
が設けられている。知的障害者の正規学生としての大学入学についても、
大学教育を通して知的障害者をどのような人材として育てるかという明
確なポリシーを定めることにより、入試は障壁ではなく、知的障害者の

高等教育の道につながる門になると思われる。

　知的障害者が大学で高等教育を受けることを実現するためには、上記したアドミッション・ポリシーだけではなく、どのようなカリキュラムや教育内容・方法で、大学の知を提供するか、またどのように評価し、卒業させるかというカリキュラム・ポリシーやディプロマ・ポリシーを明確にしていく議論を積み重ねていくことが必要であろう。

第4節　本章のまとめ

　知的障害者の生涯学習の確保は、「障害者権利条約」第24条に明記されており、本邦も障害者の学校教育後の学びを支援し、社会参加を促進することを通して共生社会を実現する努力を続けている。大学は国や地方公共団体、特別支援学校等とともに、障害者の生涯学習を充実させ、有機的に支援していくための基盤整備を行う役割が求められている。「杜のまなびや」では、知的障害者が大学生・大学院生と対等な関係性の中で、自分の障害や仕事、人生等について十分に考える場を提供してきた。また、知的障害者に社会の問題や課題に柔軟に向かい、創造的に解決していくために必要な教養について大学の専門知を提供することが「杜のまなびや」の役割であった。障害者の生涯学習の推進において大学の役割が期待される中、大学やその地域の資源を十分に活かし、知的障害者のニーズに応じた様々な取組が展開されることを期待したい。

　障害者の生涯学習は、共生社会の実現に向けて必要不可欠である。いまだ、社会には「違うこと」を多様性として認めることができず、分離して排除しようとする分断が起きているのも事実である。その背景にある漠然とした不安を払拭するためには、お互いを知り、認め合う場を意図的に作っていく必要があり、その場の一つが生涯学習の場である。生涯学習の推進や充実は、社会統合の機能を果たす。そのため、障害者の生涯学習を充実していくことを通して、共生社会の実現に近づくことができるのである。

　知的障害者の生涯学習をより推進していくためには、生涯学習に関する情報へのアクセスや会場まで移動できる物理的な環境へのアクセスへの配慮、そして講義の構成や伝え方等における合理的配慮が求められる。

　知的障害者の生涯学習の充実とともに、知的障害者の高等教育の保障についても議論を重ねていくことも今後必要である。高等教育を通して知的障害者をどのような人材として育成するかを明確にすることにより、入学者選抜や、カリキュラム、評価等における様々な課題の解決につながるであろう。

　知的障害者も社会の中で生きていく。学校教育卒業後の長い人生をより主体的に能動的に生きていくためには、他者とのかかわりの中で、自分の人生を見つめ、社会の中での自分の役割を見つけていくことが必要である。知的障害者を社会の一員として認め、ともに生きるために、ともに学んでいくことが、今の社会を生きているすべての人に求められる。ある特定の場所で障害者のみを対象とした生涯学習の形態だけではなく、様々な違いをもつ人々が混ざり合い、一緒に学び、一緒に考えていく取組が増えることを通して、共生社会の実現に近づくことが期待できる。

【引用文献】

長谷川正人 (2015) 知的障害者の大学創造への道　ゆたか「カレッジ」グループの挑戦．田中良三・猪狩恵美子 (編)，クリエイツかもがわ.
韓国ナザレ大学校　https://cms.kornu.ac.kr/dri/index.do (2020年9月1日閲覧)
韓国ナザレ大学校ブリジ学部オンライン入試説明会
　　https://www.youtube.com/watch?v=PnDfbZWzBvc (2020年9月1日閲覧)
国立特別支援教育総合研究所 (2018) 文部科学省委託事業「生涯学習施策に関する調査研究」障害者の生涯学習活動に関する実態調査報告書.
國本慎吾 (2007) 知的障害をもつ人の高等教育への接近に向けた試み―鳥取県における「オープンカレッジ」「大学公開講座」の実践より―．障害者問題研究，35，40-45.
水内豊和・鶴見真理子・高緑千苗 (2014) 国立大学における障害者を対象とした公開講座に関する実態．日本教育工学会論文集，37 (4)，513-519.

文部科学省 (2012) 共生社会の形成に向けたインクルーシブ教育システム構築のための特別支援教育の推進 (報告).

文部科学省 (2016) 高大接続システム改革会議「最終報告」.

文部科学省 (2018a) 開かれた大学づくりに関する調査研究.

文部科学省 (2018b) 学校卒業後の学習活動に関する障害者本人等アンケート調査.

文部科学省 (2019a) 特別支援教育資料 (平成30年度).

文部科学省 (2019b) 令和元年度学校基本調査.

文部科学省 (2019c) 平成30年度「生涯学習を通じた共生社会の実現に関する調査研究」―学校卒業後の障害者が学習活動に参加する際の阻害要因・促進要因等に関する調査研究.

文部科学省学校卒業後における障害者の学びの推進に関する有識者会議 (2019) 障害者の生涯学習の推進方策について―誰もが、障害の有無にかかわらず共に学び、生きる共生社会を目指して―(報告).

中村恵佑 (2017) 大学入試制度の変遷と新自由主義との関連性の検討:「人格的機能」に着目して. 東京大学大学院教育学研究科教育行政学論叢, 37, 83-108.

日本学術会議 日本展望委員会 知の創造分科会 (2010) 提言21世紀の教養と教養教育.

田中良三・大竹みちよ・平子輝美 (2016) 障がい青年の大学を拓く―インクルーシブな学びの創造. クリエイツかもがわ.

津田英二 (2019) 障害者の生涯学習推進政策の概念的枠組みと未来社会に関する素描. 神戸大学大学院人間発達環境学研究科研究紀, 12 (2), 77-89.

植田 章 (2016) 知的障害者の加齢変化の特徴と支援課題についての検討. 福祉教育開発センター紀要, 13, 41-56.

烏雲畢力格・今枝史雄・菅野 敦 (2013) 成人期知的障害者の生涯学習支援における「学習の目的」に関する研究:実施主体や実践の"ねらい"との関係を通して. 東京学芸大学教育実践研究支援センター, 9, 99-112.

ゆたかカレッジ・長谷川正人編著 (2019) 知的障害の若者に大学教育を. クリエイツかもがわ.

おわりに
—「杜のまなびや」の今後と知的障害のある方の生涯学習支援に向けて—

障害者の生涯学習をめぐる近年の動向

　令和元年7月8日付けで「障害者の生涯学習の推進方策について」と題する文部科学省総合教育政策局長通知が出された。これは、平成30年2月に文部科学省に設置された「学校卒業後における障害者の学びの推進に関する有識者会議」が平成31年3月に取りまとめた報告書「障害者の生涯学習の推進方策について　—誰もが、障害の有無にかかわらず共に学び、生きる共生社会を目指して—」に基づき、「文部科学省　障害者の学びに関する当面の強化策2019-2022」、「都道府県、市町村に期待される取組」、「特別支援学校等の学校に期待される取組」、「大学等に期待される取組」を示し、国や自治体、教育機関等において障害者の生涯教育に関わる取り組みを進めることを求めたものである。

　障害者の生涯学習については、日本が平成19年に署名し、平成26年に批准した、国連の「障害者の権利に関する条約」第24条において、締約国はそれを確保することが明記されているが、日本においては、この条約の批准に向けた国内法の整備等を進める中で、施策、取り組みの方向性として次第に明確に、具体的に示されるようになってきている。

　たとえば「障害者基本法」（「障害者の権利に関する条約」の批准に向け、平成23年に改正された）において策定することが定められている「障害者基本計画」を見ると、平成14年に策定された障害者基本計画（第2次）において「スポーツ、文化芸術活動の振興」の項目は「生活支援」の分野の下に置かれ、その内容は主として指導員等の人材育成、設備等の改善・充実に関するものであった。「障害者基本法」改正後の平成25年に策定された同計画（第3次）では、「教育、文化芸術活動・スポーツ等」の分野の

下に「文化芸術活動、スポーツ等の振興」の項目が置かれたが、内容は第2次計画とほぼ同様のものであった。そして、平成30年3月に策定された同計画（第4次）では、「教育の振興」の分野の下に、「生涯を通じた多様な学習活動の充実」という生涯学習の項目が初めて明示的に盛り込まれることとなった（「文化芸術活動・スポーツ等の振興」は、「教育の振興」等と並ぶ分野の一つに位置づけられた）。

　この第4次計画では、「教育の振興」に関する基本的考え方において、「障害者が、学校卒業後も含めたその一生を通じて、自らの可能性を追求できる環境を整え、地域の一員として豊かな人生を送ることができるよう、生涯を通じて教育やスポーツ、文化等の様々な機会に親しむための関係施策を横断的かつ総合的に推進するとともに、共生社会の実現を目指す。」ことが述べられ、具体的な取り組みとして以下のものが挙げられている。

　　○学校卒業後の障害者が社会で自立して生きるために必要となる力を生涯にわたり維持・開発・伸長するため、効果的な学習や支援の在り方等に関する研究や成果普及等を行い、障害者の各ライフステージにおける学びを支援する。このことを通じ、障害者の地域や社会への参加を促進し、共生社会の実現につなげる。[9-(4)-1]
　　○地域と学校の連携・協働の下、地域全体で子供たちの成長を支え、地域を創生する「地域学校協働活動」を、特別支援学校等を含めて全国的に推進し、障害のある子供たちの放課後や土曜日等の学習・体験プログラムの充実や、企業等の外部人材等の活用を促進する。[9-(4)-2]
　　○放送大学において、テレビ授業への字幕の付与や点字試験問題の作成など、障害のある学生への学習支援を一層充実する。[9-(4)-3]
　　○公共図書館、学校図書館における障害者の読書環境の整備を促進する。[9-(4)-4]
　　○障害者が生涯にわたり教育やスポーツ、文化などの様々な機会に

親しむことができるよう、多様な学習活動を行う機会を提供・充実する。[9-(4)-5]

　さらに、平成29年4月7日には「特別支援教育の生涯学習化に向けて」と題する文部科学大臣メッセージが発出されているが、これは学校教育段階にとどまらず、生涯にわたる障害者の学びを支援していくことを表明したものである（ちなみに、このメッセージについては、ルビ入りの文書も文部科学省HP上で提供されており、様々な人々にこのメッセージの内容を伝えようとする姿勢が表れている）。また、同日付けで、全国の教育長、知事、大学長等に向け、「障害者の生涯を通じた多様な学習活動の充実について」と題する依頼が文部科学省生涯学習政策局長、同初等中等教育局長、同高等教育局長、スポーツ庁次長、文化庁次長の連名で出され、スポーツ活動や文化芸術活動など障害者の多様な学習活動を支援する体制整備や取り組みを進めることを求めており、平成30年6月15日に閣議決定された「第3期教育振興基本計画」においても、「今後5年間の教育政策の目標と施策群」のなかに「生涯学び、活躍できる環境を整える」ことが位置づけられ、具体的項目として「障害者の生涯学習の推進」が挙げられている。

　学校教育施策等に関わる以上のような動きの中で改訂作業が進められ、平成29年4月に告示された特別支援学校学習指導要領（小学部・中学部）、同じく平成31年2月に告示された特別支援学校学習指導要領（高等部）においても、生涯学習の視点が盛り込まれ、生涯学習への意欲を高めるとともに、様々な学習機会に関する情報の提供に努めること、生涯を通じてスポーツや文化芸術活動に親しみ、豊かな生活を営むことができるよう配慮することが示されている。

大学に期待されていること

　以上のように、障害者に関わる諸施策・取り組み等のなかで、特に近

年、生涯学習が大きくクローズアップされている状況にある。このようななか、大学にはどのようなことが求められているのか、あるいはどのような役割を果たすことが期待されているのだろうか。

平成29年4月に出された「障害者の生涯を通じた多様な学習活動の充実について」（依頼）、平成30年6月15日に閣議決定された「第3期教育振興基本計画」のいずれにおいても、障害者の生涯学習の保障に関して大学に期待される役割等が示されている。しかしながら、これらにおいて示されているのは、基本的には高等教育機関で学ぶ障害のある学生の修学支援や就労支援に関することである。

一方、平成31年3月に出された有識者会議報告および令和元年7月8日付けの文部科学省総合教育政策局長通知では、「大学等が提供する公開講座等における不当な差別的取り扱いの禁止や合理的配慮の提供」のほか、大学等における「知的障害者等の学びの場づくり」に言及している。後者については、「多様な学生の受け入れを通じた教育研究の一層の高度化の観点からも、地域や社会への貢献の観点からも、特別支援学校等を卒業した後の障害者の学びの役割を果たすこと」、「オープンカレッジや公開講座、障害のある学生に対する支援を一層充実していくこと」のほか、「特別支援学校等卒業後の組織的な継続教育の観点」や「障害者のリカレント教育推進の観点」から、「大学等における知的障害者の学びの場づくり」に関する積極的な取り組みについて検討することが期待されている。

さらには、「大学における学びの場づくりも、本人のニーズを踏まえた対応の一つとなり得ること」を踏まえ、「大学等において知的障害者等の学びの場を継続的につくるためにはどのような準備が必要となるのか、知的障害者等の学びの場を大学等に設けることで大学等にどのようなメリットがあるのか、社会的な効果としてどのようなことが考えられるか、といった観点から、大学等における知的障害者等の学びの場づくりに関する実践的な研究を行う」こととされている。

このほか、「共生社会の実現に向け、障害の有無にかかわらず、共に交

流し学び合う環境を整備すること」が謳われ、その際には「学びのユニバーサルデザイン」を目指すべきであることが述べられているなか、「共生社会の実現に向け、障害の有無にかかわらず共に学ぶとはどういうことなのか」を議論する必要性が指摘されている。これは大学等を特定したものではないが、大学等において実践的な研究を進める中で検討すべき事項であろう。

　最後に、障害者の生涯学習の推進を担う人材の育成にかかわって、社会教育主事講習等に「障害者の生涯学習支援」に関する内容を取り入れること、令和2年度から新たに称号の付与が行われる社会教育士の活用方策等について検討することも、社会教育主事講習や社会教育士の資格取得にかかわる授業科目の開設を担う大学に検討が求められていることである。

「杜のまなびや」の取り組み

　以上述べてきたように、障害者、最近ではとりわけ知的障害者の生涯学習の機会や場の保障がクローズアップされるなか、大学に求められること、大学が果たすべき役割は、きわめて多岐かつ重要なものとなっている。

　それらのうち、最後に述べた障害者の生涯学習の推進を担う人材の育成に関して、東北大学教育学部・教育学研究科は南東北3県（宮城、山形、福島）の社会教育主事講習を担っており、また、新しく称号が付与されることになる社会教育士の養成カリキュラムへの対応を現在（令和元年度）進めていることから、これらの実施・運営担当者と早急に協議を進めながら対応を図っていく必要がある。むろん、これらの資格を取得した方々にオープンカレッジ等に積極的に参画していただく方策を模索していくことも必要となろう（このことは、後述する「杜のまなびや」の運営・実施のあり方にもかかわるものである）。

　さて、大学等における知的障害者の生涯学習の場、障害の有無にかか

わらず共に学ぶ場の設置に関し、平成29年度の「開かれた大学づくりに関する調査研究」（文部科学省, 2018）において、地域社会に対する大学等の貢献のための取り組み状況は、第9章で示されているように低い割合にとどまっている。そのようななか、東北大学大学院教育学研究科では比較的早い時期から、知的障害のある方を対象としたオープンカレッジ・「杜のまなびや」の実践に取り組んできた。また、上述したような研究面で大学に期待されていることについても、「杜のまなびや」の実践を通じて検討を重ねてきた。その詳細についてはこれまでの各章を参照いただきたいが、設置の経緯について簡潔に記すと、「杜のまなびや」は、大学生と障害のある方々がともに学ぶオープンカレッジとして、平成18年度に開講され、平成18年度から平成21年度までは東北大学大学院教育学研究科教育ネットワークセンターにおける先端的プロジェクト型研究として、平成22年度以降は同センター（平成30年度より先端教育研究実践センター）における地域教育支援部門の生涯学習支援事業として開講されてきている。すなわち、平成22年度以降は東北大学大学院教育学研究科が実施する事業の一つに位置づけられ、一定の予算的基盤を得て運営されてきている。

　なお、上で紹介した「開かれた大学づくりに関する調査研究」は平成24年度から実施されている（平成28年度は未実施）が、地域社会に対する貢献のため実際に取り組んでいる項目として「障害者の生涯学習に関する取組を実施すること」が加えられたのは平成29年度からであり、先述の「文部科学大臣メッセージ」や「依頼」等が発出された時期と重なっている。'実際に取り組んでいること'は全部で14項目が挙げられているが、このうち実施率が50％を切っているのは4項目のみであり、さらにこのうち実施率が25％を下回っているのは「障害者の生涯学習に関する取組を実施すること」のみである。ところが調査報告書においては、実施率が6％に過ぎない「障害者の生涯学習に関する取組を実施すること」を特に取り上げて分析がなされている。このことは、大学が果たすべき役割の一つとして、「障害者の生涯学習に関する取組を実施すること」が

位置づけられたことを如実に示しているように思われる。

「杜のまなびや」の今後と知的障害のある方の生涯学習支援に向けて

さて、「杜のまなびや」の実践開始から10年あまりを経て、いくつかの課題も顕在化してきている（野口, 2019）。それらは、大別すれば、実施・運営体制に関わることと、実施形態・内容に関わることとなろう。

まず、実施・運営体制に関わる課題についてであるが、上述の通り、「杜のまなびや」は東北大学大学院教育学研究科が実施する事業の一つに位置づけられてはいるものの、実際の運営は特定の研究室が担う形となっている。研究室の大学院生・大学生が実施・運営の主体となっており、なかでも大学院生の果たす役割は大きい。しかしながら、近年、学部から大学院へと進学する者が少なくなり、社会人大学院生の割合が増加している状況にあるなか、「杜のまなびや」の実施・運営を担う人材の確保が難しくなっている。

さらに、これまでの実践を振り返ってみると、学習者や講師が「固定化」している傾向が見られるとともに、学習者及び「杜のまなびや」において共同学習者として位置づけられている大学生の参加を得ることが年々難しくなっている。また、具体的な講義テーマは異なっていても、共同学習（討論）を取り入れた学習形態を採っていることで、コミュニケーションに関わる内容にウェイトが置かれがちとなっている。大学生を共同学習者と位置づけていることは、「杜のまなびや」における重要な視点の一つであり、現在、大学等に求められている「共生社会の実現に向け、障害の有無にかかわらずともに学ぶとはどういうことなのか」を議論することにも関わることであろう。しかしながら、講義の内容との関係で、どうしても補助者・支援者という立場になってしまいがちであることは否めない。「杜のまなびや」のねらいの一つである「社会人としての生活や個人の生活を豊かにすること」を実現するうえで、また「ともに学ぶとはどういうことなのか」を議論するうえで、いわば戦略的に講

師、テーマを設定し、検証を進めていくことが今後求められよう。

　上記の課題に対して取り組むべきことは、一つは教育学研究科における共通理解の確立であり、もう一つは県・市の生涯学習担当部局との連携体制の構築であろう。

　これまで、「杜のまなびや」では、教育学研究科の教員に講師を依頼してきた。これは、大学における専門的な学習の機会を知的障害のある方に提供していくというねらいのほか、インクルーシブ社会の実現に向け、研究科内の理解を進めていくという、ある種のプロパガンダ的側面も有していた。このような経緯を経て、また我が国の動向を鑑みるに、知的障害のある方を対象とするオープンカレッジは大学が担うべき生涯学習保障の一つであるとの共通理解を確立すべき時期に来ていると思われる。共通理解を確立することにより、教育学研究科の生涯教育関連領域をはじめとする多様な領域の教員・学生の主体的参画が図られるであろう。

　県・市との連携について、まずはオープンカレッジの共同実施の可能性を探ることが考えられる。これにより、先に述べた社会教育主事や社会教育士の資格取得者が参画する体制について検討することが可能となろう。また、実施内容の多様化の実現も期待しうる。これは、先述した「いわば戦略的に講師、テーマを設定」しうることにもつながる。さらに、これまでホームページやチラシ、これまで参加していただいた方への連絡といった手段に頼ってきた周知方法にも広がりが生じること、ひいては受講生の拡大につながることが期待される。

　最後に、県・市の生涯学習担当部局との連携を図ることは、知的障害のある方の生涯学習の保障という点からも重要である。生涯学習の保障という観点からは、様々な内容、様々な地域で行われる多様な学びの場があり、知的障害のある方が自分の興味・関心、または開催場所までの距離・所要時間などを勘案して、それらの中から自由に選択して参加できるようになっていて然るべきである。しかしながら、現状はそのようにはなっていない。「杜のまなびや」に参加されている学習者のご家族が「学校を卒業した後も学べる場があると良いと思うが、そのような場が

なかなか見つからない」と話されていたことがあったが、このような状況を改善すべく、学習の場としての一端を担いつつ、県・市と協力しながら学習の場の拡大と情報提供体制の構築を図っていくことが、大学として担うべき責務の一つと考える。

【引用文献】

文部科学省 (2017) 特別支援学校学習指導要領 (小学部・中学部).

文部科学省 (2017) 特別支援教育の生涯学習化に向けて (文部科学大臣メッセージ).

文部科学省(2017)障害者の生涯を通じた多様な学習活動の充実について(依頼).

文部科学省 (2018) 平成29年度「開かれた大学づくりに関する調査研究」調査報告書.

文部科学省 (2019) 特別支援学校学習指導要領 (高等部).

文部科学省 (2019) 障害者の生涯学習の推進方策について―誰もが、障害の有無にかかわらず学び、生きる共生社会を目指して―(学校卒業後における障害者の学びの推進に関する有識者会議　報告書).

文部科学省 (2019) 障害者の生涯学習の推進方策について (文部科学省総合教育政策局長通知).

野口和人 (2019) 生涯学習支援事業報告「東北大学オープンカレッジ　杜のまなびや」. 東北大学大学院教育学研究科・先端教育研究実践センター年報, 第19号, 73-76.

あとがき

　2020年5月1日、編著者である川住隆一先生が永眠されました。ある会議の席上で、大学の執行部に「障害のあるひとの学びの場をどう考えるのか」と質問した先生の姿。普段温厚な川住先生とは思えないその凄みは、今も私のなかに余韻を残し続けています。

　2005年10月19日、目をまん丸く見開いて、「田中先生、やろうか！」という静かな力強さで発せられた川住先生。「杜のまなびや」は、この言葉から始まりました。"障害の有無に関わらず学びの場を作る"という先生の強い御意思は、大学教員の専門性を問うとはどういうことか、真の学び合いとは何か、高等教育とは誰のためのものか、地域に開かれた大学とはどうあるべきか、これらの問いとしてわれわれに向けられました。その答えが、「杜のまなびや」のコンセプトとして、ひとつひとつかたちになっていきました。本書は、これらの軌跡の一端を記したものです。

　本書では、学習者の学び、共同学習者の学び、講師の学び、学生スタッフの学び、オブザーバーの学びについて、述べてきました。これらを記してきた各章の執筆者自身は、「杜のまなびや」から何を学んだのでしょうか。度重なる議論を経てコンセプトの輪郭を少しずつ作りあげていき、準備に奔走した日々、受講生や講師との出会いのなかで交わしてきた対話、講義の振り返り…このプロセスのなかで得た、それぞれの「学び」を書きとめ、あとがきにかえたいと思います。

田中 真理

・今までそうだったことに疑問を抱き、「なぜ？」と議論し、実践していくことの大切さ、そしてそれを実行していくためには、冷静で鋭い知性と暖かい感性が必要であることを、「杜のまなびや」を通して実感しました。お互いを認め合い、ともに生きる真の共生社会の実現に

向けて、どう行動すべきかを常に模索し、実践していきたいと思います。（李　熙馥）

・大学院の博士課程に進学当初、研究テーマの相談を重ねていたときに、川住先生が話題として提示されたことの一つが障害の重い方の生涯学習でした。私は「杜のまなびや」立ち上げ以前の構想段階の議論に加わっていましたが、直後に仙台を離れたため、「杜のまなびや」に直接、係わることはありませんでした。しかし、その後、宇都宮で係わらせていただいてきた障害のある方々が学校教育を修了した今、あらためて生涯学習の実践を重ねていると思っています。「杜のまなびや」構想の議論がその源流にあります。（岡澤　慎一）

・社会や教育の在り方等々について疑問を抱きながらも、自分の視野が広がったように思います。人は皆、学ぶ権利があることを改めて実感。数えきれないほど多くのことを学ばせていただきました。（岡野　智）

・「杜のまなびや」参加当初、院生であった私にとって、大学はあくまで学生にとっての学びの場でしかありませんでした。既存の枠組みにも疑問の目を向けること、進むべき方向性を見定めて実際にアクションを起こすこと、そういったことが常にできる自分でありたいと思うようになったのは、「杜のまなびや」での経験があったからこそだと思います。（笹原　未来）

・やっと「杜のまなびや」が、実感を伴い理解できるようになってきました。私が関わった初期の頃、国内では既に複数の実践が展開されていました。その状況で、川住先生・田中先生から投げかけられた問いや実践・研究への指導、日常の会話の中で話された思いを、どれだけ受け止められていたか…思い返すと当時の自分が恥ずかしくなります。課題を頂いたと思います。川住先生の穏やかな熱い思いを少しでも還

元できるよう、自分のできることに取り組むことが、贖罪となると考えています。感謝の言葉しか見つかりません。ありがとうございます。（杉山 章）

・「研究」という枠組みの中で参加したみんながハッピーになれる。「杜のまなびや」はそんな場所でした。学んだことは数多く、恩をお返しするにはほど遠く…自分のできることを1つずつ取り組んでいきたいと思います。（鈴木 恵太）

・同志とともに研鑽し合いながらひとつのことに取り組むことの尊さ。学生の頃の自分はそのことを"当たり前"として意識せず、ただただ目の前のことに精一杯でした。教員となった今、その尊さに気づくとともに、そのための環境の基礎をつくり支えてくださっていた先生方の想いを想像するようになりました。自らが主体的に学んだと感じられる体験こそが、自らの次へ、そして次の世代へとつながるものであると強く思います。その体験へと導いてくださった先生方、同志の方々、「杜のまなびや」をとおして出会った全ての方々への感謝が、自分の中で生き続けています。（滝吉 美知香）

・「杜のまなびや」では、多くの人と話をしてきたことが思い返されます。「杜のまなびや」に対する様々な思いを聴くことができました。学ぶことは「対話」から始まることを、実感を持って理解することができました。（永瀬 開）

・「杜のまなびや」のコンセプトを議論する際には、先生方と院生が、院生同士の先輩と後輩が、対等に近い形で忌憚のない意見を交わし合ったことがとても印象に残っています。こうした取り組みにおいて、人と人が共同で学問や実践を進めていくうえでの貴重な経験ができました。この学びは、今の私の仕事を支える大切な経験の1つとなって

います。（中村 保和）

・運営や研究の一環として、学習者に学習観や大学に対するイメージ
　を尋ねていました。それは同時に、「学ぶとは何か」「大学とは何か」
　「自分自身はなぜ大学で学んでいるのか」について、深く考える機会
　にもなりました。（野﨑 義和）

・「杜のまなびや」を通して、“支援する－支援される”という一義的な
　関係性について深く考えさせられました。今でも“支援する”という
　言葉を使う時に躊躇する感覚があります。学ぶことの権利や学びたい
　という想いは、誰にとっても開かれていないといけないことを実感し
　ました。（廣澤 満之）

・「杜のまなびや」から学んだことを言葉でまとめるのはとても難しい
　ですが、参加していた方々がとても楽しそうに学んでいる姿は今も心
　に残っています。（松﨑 泰）

・「杜のまなびや」で私が得たことは、人と人との関係性がどのように
　構築、維持されていくのかということを目の当たりにできたことです。
　毎年初回の講義では緊張と期待が入り混じった表情の受講生が多く見
　られ、それが回を追うごとに、リラックスし、スタッフを含めたその
　場にいる存在との距離が縮まっていく。年度が変われば「一年ぶりで
　すね！」と言いながら笑顔で話し出す。このような関係の中に知的障
　害者だから、大学生だから、スタッフだからといった垣根は感じられ
　ず、お互いが気負うことなくその場を共にする。こうした場を経験で
　きたことが、私自身が共生社会ということを考える上で一番の学びで
　あったと思います。（横田 晋務）

編者・執筆者一覧

編者

川住　隆一（東北大学 名誉教授）

田中　真理（九州大学 教授，元東北大学大学院教育学研究科 教授）

野崎　義和（宮城教育大学教育学部 准教授）

横田　晋務（九州大学基幹教育院 准教授）

執筆者

李　　熙馥（国立特別支援教育総合研究所 特任研究員）第9章3・4節

岡澤　慎一（宇都宮大学大学院教育学研究科 准教授）第1章3節

岡野　　智（トモミュージックルーム 講師）第8章2・3節

川住　隆一（前掲）第1章1・2節

笹原　未来（福井大学教育学部 准教授）第7章

杉山　　章（東海学院大学人間関係学部 准教授）第2章コラム

鈴木　恵太（岩手大学教育学部 准教授）第5章1・2・3・4・6節

滝吉美知香（岩手大学教育学部 准教授）第3章1節，第4章1・3節

田中　真理（前掲）第5章5節3，第9章1・2節

永瀬　　開（山口県立大学社会福祉学部 准教授）第3章2・3・4・5節

中村　保和（群馬大学共同教育学部 准教授）第2章2節

野口　和人（東北大学大学院教育学研究科 教授）おわりに

野崎　義和（前掲）第5章5節1，第8章1節

廣澤　満之（白梅学園大学子ども学部 准教授）第2章1・3節

松﨑　　泰（東北大学加齢医学研究所 助教）第6章

横田　晋務（前掲）第4章2節，第5章5節2

表紙デザイン：滝吉弘道氏の御協力をいただきました。ここに記して感謝
いたします。

協力：ゆでたまご

知的障害者とともに大学で学ぶ
—— 東北大学オープンカレッジ 「杜のまなびや」の取り組み ——

Studying together with people with
intellectual disabilities at university：

The Initiatives of "Mori no Manabiya",
a Tohoku University Open College

©MARI Tanaka, RYUICHI Kawasumi,
　YOSHIKAZU,Nozaki, SUSUMU Yokota, 2022

2022年3月31日　初版第1刷発行

編　者　田中 真理　川住 隆一
　　　　野崎 義和　横田 晋務
発行者　関内 隆
発行所　東北大学出版会
　　　　〒980-8577　仙台市青葉区片平2-1-1
　　　　TEL：022-214-2777　FAX：022-214-2778
　　　　https://www.tups.jp　E-mail：info@tups.jp
印　刷　社会福祉法人　共生福祉会
　　　　萩の郷福祉工場
　　　　〒982-0804　仙台市太白区鈎取御堂平38
　　　　TEL：022-244-0117　FAX：022-244-7104

ISBN978-4-86163-365-2　C3037